T. T. Mundakel

Der Engel der Armen

T. T. Mundakel

Der Engel der Armen

MUTTER TERESA · DIE BIOGRAFIE

Pattloch

Bibliografische Information der Deutschen Bibliothek
Die Deutsche Bibliothek verzeichnet diese Publikation in der Deutschen
Nationalbibliografie; detaillierte bibliografische Daten sind im Internet
über http://dnb.ddb.de abrufbar.

Aus dem Englischen von Klaus Kreitmeir

© 2003 Pattloch Verlag GmbH & Co. KG, München
Umschlag: Atelier Lehmacher, Friedberg (Bay.)
Satz und Gestaltung: Hartmut Czauderna, München
Druck und Bindung: Clausen & Bosse, Leck
Printed in Germany

ISBN 3-629-01677-4

Bitte besuchen Sie uns im Internet:
www.droemer-knaur.de <http://>

Inhalt

Vorwort

Es ist der Inspiration zu verdanken, die ich aus Gesprächen und Zusammenkünften mit Mutter Teresa empfing, die mich dazu brachte, mit »Der Engel der Armen« die Geschichte ihres Lebens zu schreiben. Mutter Teresa dankte gewöhnlich Gott nach jedem Satz und so erscheint die Danksagung »Gott sei gedankt und gelobt« oftmals in diesem Buch.

Ich bin Mary Vijayam Sahithya Samithy von Trichur sehr dankbar, dass sie »Der Engel der Armen« als beste Biographie mit dem Kakkassery Award ausgezeichnet hat.

Auf ähnliche Weise schulde ich noch Mar Thomas Chackiath, Weihbischof von Ernakulam, Babu Kadalikkat von der *Deepika Daily* und Dr. Thomas Kandathil großen Dank, da sie mich ermutigten und veranlassten, dieses Buch aus dem Malayalam ins Englische zu übersetzen.

Da ich die Absicht hatte, dieses Buch so authentisch wie möglich zu schreiben, habe ich verschiedene Plätze besucht und viele Leute getroffen, die in Beziehung zu Mutter Teresa standen. Ich bin in großer Dankbarkeit verschiedenen Missionaren und Missionarinnen der Nächstenliebe (MC) verbunden, die das Glück hatten, mit Mutter Teresa zu leben, und die mir bei der Vorbereitung und den nötigen Nachforschungen für dieses Buch geholfen haben. Ich danke jedem aus tiefem Herzen, ohne alle namentlich nennen zu können.

Besonderen Dank schulde ich Bruder Devesia, MC, Schwester Sarala, MC, meiner geliebten Nichte, Sr. Alphonsa, Sr. Barbara, Sr. Monica und Sr. Eugenia. Ebenso möchte ich Pater Jose Karaimadam danken, Prof. V. J. Pappu, ebenso den Richtern V. R. Krishna Iyer und P. K. Shamsuddin und all jenen, die auf die eine oder andere Weise mitgeholfen haben, dieses Buch zu veröffentlichen.

Mit Liebe und Respekt
T. T. Mundakel

Einleitung

Mutter Teresa hatte nur fünf Rupien in der Tasche, als sie im Dezember 1948 ihre Arbeit in den Slums von Kalkutta mit dem Ziel begann, Gott den Armen näher zu bringen. Ein Sprichwort sagt: »Nur wer selbst unter den scharfen Pfeilen der Armut gelitten hat, kann den tiefen Kummer anderer verstehen.«

Mutter Teresa hat wahrlich das Schicksal der Armut am eigenen Leib erfahren – bei Gott! Aber was auch geschah, sie hatte immer ein unerschütterliches Gottvertrauen, das, wie sie stets betonte, ihr wertvollstes Geschenk auf Erden war. Und es funktionierte tatsächlich: Gott versah sie stets mit dem, was sie für ihre Arbeit brauchte, oder schickte ihr die Menschen, die ihr hilfreich zur Seite standen. Von vielen dieser Menschen und vielen der Gottesgeschenke soll in diesem Buch die Rede sein.

Mutter Teresa war eine einfache Nonne und sie wollte nie mehr, als ein einfaches und bescheidenes Leben führen. Sie hatte überhaupt kein Verlangen nach Ruhm – eigentlich verabscheute sie ihn aus tiefstem Herzen –, aber sie wurde dennoch berühmt, ja sogar weltberühmt: Sie kam ins Fernsehen, wurde interviewt, über sie wurden Bücher und Zeitungsartikel geschrieben, sie wurde gefilmt und sie war Thema von vielen Dokumentationen.

»Ich weiß, Gottes Willen mit einem Lächeln zu tun, das ist wahre Heiligkeit«, pflegte sie zu sagen, »und deswegen habe ich immer versucht, zu lächeln, auch wenn die Dinge ganz anders verliefen, als ich es mir wünschte. Davon abgesehen glaube ich nicht, jemals irgendetwas getan zu haben, was erwähnenswert wäre. *Dankt Gott.*«

Bei allem, was über sie geschrieben und gesagt wurde, bestand Mutter Teresa immer darauf, dass eigentlich nicht sie interessant wäre, sondern ihre Arbeit mit den Ärmsten der Armen in Kalkutta. Ihren Schwestern pflegte sie zu sagen:

»Ich bin nur ein kleiner Bleistift in der Hand unseres Herrn. Der Herr mag den Bleistift schneiden oder schärfen. Er mag schreiben oder zeichnen, was immer er will und wo immer er will. Wenn das Geschriebene oder eine Zeichnung gut ist, würdigen wir nicht den Bleistift oder das benutzte Material, sondern denjenigen, der es benutzt hat. *Alles Lob und alle Herrlichkeit dem Herrn, unserem Gott, auf immer und ewig.*

Die Armen – sind sie denn keine menschlichen Wesen? Sind sie nicht nach dem Ebenbild Gottes geschaffen? Doch, natürlich sind sie es. Nun denn, sollen sie nicht respektiert und geachtet werden? Ich diene unserem lieben Gott, um genau diese Aufgabe zu erfüllen. *Dankt Gott.*«

Mutter Teresa zog jedenfalls die Aufmerksamkeit der Weltöffentlichkeit auf sich, nicht zuletzt um für finanzielle Unterstützung zu werben. Sie selbst wollte weder Ruhm noch Glanz für sich noch die Auszeichnungen oder die Ehrungen, mit denen sie überhäuft wurde. Sie stellte sich und ihre eigenen Wünsche in aller Bescheidenheit hintan und begab sich stattdessen unter die Obhut und den Befehl des Erzbischofs von Kalkutta, der ihr zu Aufmerksamkeit verhalf. Bei jeder Ehrung tröstete sie sich, dass die Auszeichnungen, die sie empfing, im Grunde ja nur die Anerkennung der Armen und Mittellosen war. In deren Namen – so ihre Begründung – akzeptierte sie auch den Nobelpreis, den Bharath Ratna, die Weltstaatsangehörigkeit und alle anderen Würdigungen.

Dies Buch soll ein Zeugnis für das außergewöhnliche Leben Mutter Teresas ablegen. Sie selbst enthüllt dem Leser darin ihre einfache Philosophie des Lebens und des Glaubens und erzählt mit ihren Worten von der Inspiration und der Liebe, die sie motivierten.

KAPITEL I

Die Reise nach Darjeeling

Der wichtigste Tag im Leben Mutter Teresas war ein Dienstag, und zwar der Dienstag, der 10. September 1946. Es war ein Tag, den sie ihr Leben lang nicht vergessen sollte. An jenem Dienstag fuhr sie in der dritten Klasse der Eisenbahn von Kalkutta nach Darjeeling. Dort wollte sie an ignatianischen Exerzitien teilnehmen. Nach der Abenddämmerung begann sie, im Abteil den Rosenkranz zu beten. Nach einer Weile nahm sie ihre Bibel hervor und schlug sie auf.

Einst war dem heiligen Augustinus befohlen worden: »Öffne das Heilige Buch und lese!« Sie hatte nie eine solche Anweisung erhalten. Auch Franz Xaver hatten die Worte der Schrift: »Was nützt es dem Menschen, wenn er die ganze Welt gewinnt, aber seine unsterbliche Seele verliert?« inspiriert und ihn schließlich zu einem Heiligen gemacht. Aber Teresa sah nie derartige Schriftworte. Sie begann vielmehr im Kapitel 25 des Matthäusevangeliums bei Vers 31 zu lesen.

Was dann passierte, übertraf alles bisher Dagewesene. Später beschrieb sie das Ereignis folgendermaßen:

»Ich spürte, wie sich die heiligen Worte bis in die hintersten Nischen meines Herzens bohrten, und das auf eine Weise, wie ich sie nie zuvor erfahren hatte. Sie kennen die Geschichte von Saul, der von Jerusalem nach Damaskus ritt. Auf dem Weg traf ihn ein Lichtstrahl aus dem Himmel gleich einem Blitz. Er stoppte ihn, warf ihn von seinem Pferd und wies ihn an, den Worten Unseres Herrn zu lauschen. Ich wurde ebenfalls gestoppt, von dem Schein der Worte des Matthäus, und auch ich war gezwungen, den Worten Unseres Herrn zu lauschen.«

Mutter Teresa war zu diesem Zeitpunkt gerade einmal 36 Jahre alt, eine Nonne in den besten Jahren, die vor Elan und Energie strotzend davon überzeugt war, dass sie all das, was sie sich vornahm, auch erreichen konnte.

Zu jener Zeit wusste sie noch nicht, dass genau diese Bibelstelle Tolstoi einst dazu inspiriert hatte, eine wundervolle Kurzgeschichte zu schreiben, und den von ihr am meisten verehrten Heiligen, Franz von Assisi, dazu veranlasst hatte, sein Leben in den selbstlosen Dienst an seinen Mitgeschöpfen zu stellen. Ebenso wurde durch diese Stelle des Matthäusevangeliums auch Vater Damian zu seinem Leben und Arbeiten inmitten der verstoßenen und bettelarmen Leprakranken von Molokai berufen und schließlich Albert Schweizer dazu motiviert, unter den Armen und Leidenden in Afrika zu arbeiten.

Der Zug nach Darjeeling fuhr schneller und die Lokomotive pfiff lang und laut. Teresa las die Textpassage (Mt 25,31–46) erneut:

»Wenn der Menschensohn in seiner Herrlichkeit kommt und alle Engel mit ihm, dann wird er sich auf den Thron seiner Herrlichkeit setzen. Und alle Völker werden vor ihm zusammengerufen werden und er wird sie voneinander scheiden, wie der Hirt die Schafe von den Böcken scheidet. Er wird die Schafe zu seiner Rechten versammeln, die Böcke aber zur Linken. Dann wird der König denen auf der rechten Seite sagen: Kommt her, die ihr von meinem Vater gesegnet seid, nehmt das Reich in Besitz, das seit der Erschaffung der Welt für euch bestimmt ist. Denn ich war hungrig und ihr habt mir zu essen gegeben; ich war durstig und ihr habt mir zu trinken gegeben; ich war fremd und obdachlos und ihr habt mich aufgenommen; ich war nackt und ihr habt mir Kleidung gegeben; ich war krank und ihr habt mich besucht; ich war im Gefängnis und ihr seid zu mir gekommen.

Dann werden ihm die Gerechten antworten: Herr, wann haben wir dich hungrig gesehen und dir zu essen gegeben oder durstig und dir zu trinken gegeben? Und wann haben wir dich fremd und obdachlos gesehen und aufgenommen oder nackt und dir Kleidung gegeben? Und wann haben wir dich krank oder im Gefängnis gesehen und sind zu dir gekommen? Darauf wird der König ihnen antworten: Amen, ich sage euch: Was ihr für einen meiner geringsten Brüder getan habt, das habt ihr mir getan.

Dann wird er sich auch an die auf der linken Seite wenden und zu ihnen sagen: Weg von mir, ihr Verfluchten, in das ewige Feuer, das für den Teufel und seine Engel bestimmt ist. Denn ich war hungrig und ihr habt mir nichts zu essen gegeben; ich war durstig und ihr habt mir nichts zu trinken gegeben; ich war fremd und obdachlos und ihr habt mich nicht aufgenommen; ich war nackt und ihr habt mir keine Kleidung gegeben; ich war krank und im Gefängnis und ihr habt mich nicht besucht. Dann werden auch sie antworten: Herr, wann haben wir dich hungrig oder durstig oder obdachlos oder nackt oder krank oder im Gefängnis gesehen und haben dir nicht geholfen? Darauf wird er ihnen antworten: Amen, ich sage euch: Was ihr für einen dieser Geringsten nicht getan habt, das habt ihr auch mir nicht getan. Und sie werden weggehen und die ewige Strafe erhalten, die Gerechten aber das ewige Leben.«

Sie schloss die Bibel, schwieg und tauchte tiefer in ihr Gebet ein. Da hörte sie wieder die Stimme des Herrn, ganz deutlich, und sie erinnerte sich daran, als Jesus, der Herr, das erste Mal an die Tür ihres Herzens geklopft hatte, um sie zu einem religiösen Leben zu berufen. Oder, um sich mit ihr zu vermählen, wie Mutter Teresa dies zu bezeichnen pflegte. Damals war Teresa, bzw. Agnes, wie sie zu jener Zeit genannt wurde, gerade einmal zwölf Jahre alt. Mit 18 Jahren verließ das junge Mädchen sein Elternhaus, ihr Land und alles, was ihr lieb und teuer war, um dem Herrn zu dienen. So kam sie in das Loreto-Kloster nach Kalkutta, wo sie 1931 ihre ersten Gelübde der Armut, der Keuschheit und des Gehorsams ablegte. 1937 folgte der nächste bedeutsame Schritt, als sie ihre ewigen Gelübde ablegte und zur Lehrerin der Klosterschule von Loreto berufen wurde. Schwester Teresa war glücklich und zufrieden sowohl mit der Erziehung ihrer Schüler als auch im Gehorsam gegenüber der Oberin ihres Klosters.

Dennoch war ihre Genügsamkeit vom Elend der Menschen, das sie Tag für Tag in Kalkutta erlebte, getrübt. Es ließ sie nicht mehr ruhig schlafen. Sie kannte mittlerweile das furchtbare Leben der Armen, Kranken und Mittellosen und vor allem das Grauen, dass die Ärmsten der Armen menschenunwürdig sterben mussten: Sie fielen einfach um, blieben auf der Straße liegen und verendeten. Am schlimmsten war es für Hunderttausende während der berüchtigten bengalischen Hungersnot von 1942–43.

Pater Henry, der unter den Armen in den Slums arbeitete, schilderte oft das Leid und Unglück dieser Leute und Teresa konnte ihre Tränen nie zurückhalten. Immer, wenn sie aus den Fenstern ihres Klosters blickte, sah sie mit eigenen Augen die entsetzliche Lage der Armen und wollte am liebsten laut schreien:

»Diese armen menschlichen Wesen, die immer in den Fängen der Armut bleiben müssen!

Die für einige wenige Brotkrümel in den Müllbergen mit den Straßenkötern kämpfen müssen!

Die zitternd vor furchtbarer Kälte und Hunger sterben müssen, weil sie nichts zum Anziehen oder zum Essen haben!

Die durch eine unentdeckte Tuberkulose unter nicht enden wollenden Hustenanfällen leiden, Blut spucken und schließlich tot umfallen!

Die aufgrund aller möglichen Arten des Raubes, der Erniedrigung und Krankheit schließlich im Straßengraben sterben müssen wie verstoßene Tiere!

Die wie ein schmutziges Bündel Kleider auf dem Fußweg liegen, nur noch auf ihren Tod warten und dabei von Ameisen, Maden und Ratten umgeben sind, die sie bei lebendigem Leib fressen!«

So saß Schwester Teresa in dem ruckelnden Zug und rief die schockierenden Szenen der Armut in ihr Gedächtnis zurück. Als der lange Pfiff des Zuges die Stille der Nacht durchdrang, schrie ihr Gewissen auf:

»Siehst du denn nicht deinen geliebten Gemahl in jeder dieser unglücklichen Kreaturen? Kannst du gar nichts für sie tun? In jedem dieser erbarmungswürdigen Menschen musst du deinen geliebten Jesus sehen. Du musst diesen Jesus lieben, diesem Jesus dienen und dich um diesen Jesus sorgen!

Vergiss nie, Er selbst hat gesagt: ›Was ihr für einen der Geringsten meiner Brüder getan habt, das habt ihr mir getan!‹«

Zwar waren der Komfort und die Annehmlichkeiten innerhalb des Loreto-Konvents in Kalkutta eher bescheiden, aber die Stimme in Teresas Kopf drängte sie, selbst darauf zu verzichten. Die Stimme drängte sie, in die Slums hinunterzugehen und dort Jesus unter den Armen zu finden, die unter allen möglichen Arten von

Qual und Kummer litten, sich dort um Jesus zu kümmern mit ihrem ganzen Herzen, mit all ihrer Kraft und ihren Fähigkeiten. Dies beschrieb sie als ihren »inneren Ruf« – eine zweite Berufung –, der sie während der gesamten Zugfahrt wachhielt.

Teresa wollte immer schon ein heiliges Leben führen und sie wünschte, dies wie die Gottesmutter zu tun mit dem festen Glauben: »Ich bin die Magd des Herrn, mir geschehe, wie du es gesagt hast« (Lukas 1,38).

Nun hatte sich ein Weg aufgetan und Teresa betete unaufhörlich zur Mutter Gottes. Später, während der Exerzitien in Darjeeling, fasste Teresa einen Entschluss und wählte eine strenge Lösung als Antwort auf ihren »inneren Ruf«. Denn für sie war die Botschaft klar: Sie sollte das Kloster verlassen, um unter den Armen und Bedürftigen zu leben und ihnen zu helfen. Diese Botschaft war wie ein Befehl.

Jetzt wusste sie zwar, wohin sie gehörte, aber sie wusste noch nicht, wie sie dahin kommen sollte. Dann las sie folgende Worte in der Apostelgeschichte: »Als sie zu Ehren des Herrn Gottesdienst feierten und fasteten, sprach der Heilige Geist: Wählt mir Barnabas und Saulus zu dem Werk aus, zu dem ich sie mir berufen habe« (Apg 13,2). Diese Worte öffneten ihr die Augen und gaben ihr den Mut zu handeln, den sie zuvor nicht hatte.

Aber wie sollte sie ihre Oberin davon überzeugen, dass Jesus gerade sie dazu ausersehen hatte, sich um die Armen zu kümmern? Wie sollte sie es ihrer Oberin sagen, damit sie für den Herrn freigestellt würde? Wie sollte sie sowohl die nötige Erlaubnis als auch den Segen des Erzbischofs von Kalkutta und ihrer Mutter Oberin erhalten, um Loreto verlassen zu können?

All diese Fragen und Probleme aber wurden geklärt, und zwar von niemand Geringerem als ihrem geliebten Herrn Jesus selber.

KAPITEL 2

Nichts für eine Nonne aus Europa

Nach dem Ende der Exerzitien in Darjeeling kehrte Mutter Teresa nach Kalkutta zurück und dankte Gott, dessen »inneren Ruf« sie an jenem Dienstag im Eisenbahnabteil erhalten hatte. Ein paar engen Freunden in Loreto erzählte sie von ihren Plänen dieser zweiten Berufung. Sie hatten Bedenken bei dem Gedanken, dass solch eine junge Nonne wie Teresa alleine aus dem Konvent ging, um den Armen in den Slums zu helfen. Allen Bedenken zum Trotz und ohne auch nur ein winziges Detail zu verschweigen, enthüllte sie den gesamten Plan ihrer Oberin und Dr. Ferdinand Perier, dem Erzbischof von Kalkutta. Ganz im Gegensatz zu ihren Erwartungen gab ihr keiner von beiden eine günstige Antwort oder positive Zusicherung. Also wandte sie sich an Pater Celeste van Exem, welcher seit 1944 ihr geistlicher Vater war. Sie gab ihm zwei Bogen Papier, auf denen sie alles notiert hatte, was zwischen ihr und Jesus geschehen war, alle Einzelheiten ihrer zweiten Berufung. Aber auch Pater van Exem ermutigte sie nicht.

Für Jesus war Mutter Teresa schon immer bereit gewesen, alles zu tun und alles zu ertragen, aber wie konnte sie den Konvent verlassen ohne die ausdrückliche Erlaubnis ihrer Mutter Oberin? Diese Tür schien auf ewig verschlossen zu sein. Zweifel wallten in ihr auf. Tatsächlich fing sie an, sich zu fragen, ob es für eine junge Nonne wie sie richtig war, alleine hinauszugehen in die Straßen und Slums von Kalkutta. War es richtig, eine neue Gemeinschaft zu gründen? Die Oberin jedenfalls sah dies als äußerst unpassend an. Aus ihrer Sicht war es dagegen sehr wohl passend, der jungen Nonne so schnell wie möglich einen neuen Posten zu übertragen.

Und so versetzte sie Teresa sofort von Kalkutta nach Asansol, in der Annahme, dass dies den brennenden Geist in ihr beruhigen würde. Teresa gehorchte, zog nach Asansol und machte sich an ihre neuen Aufgaben. Doch bevor sie abfuhr, betete sie zur Gottesmutter. Dabei weinte sie und wiederholte die Worte unseres Herrn: »Nicht mein Wille, sondern dein Wille geschehe« (Lk 22,42).

Es dauerte nicht lange, dann spürte Teresa, wie sich ihr Glauben Bahn brach, als der Erzbischof von Kalkutta die Oberin darüber informierte, dass ihm die Versetzung Teresas nach Asansol zu diesem Zeitpunkt nicht gefiel. Später sollte er die Versetzung Teresas zurück nach Kalkutta verfügen.

Zu jener Zeit erreichte der Freiheitskampf in ganz Indien eine neue Dimension, als sich breite Massen der Bevölkerung der politischen Diskussion hingaben. Teresas erste Aufgabe nach ihrer Rückkehr bestand darin, die Wellen des Aufruhrs zu glätten, die sich auch unter ihren Schülerinnen breit gemacht hatten. Sie legte all ihre Hoffnung in Jesus und traf die Rädelsführerinnen der Mädchen – eine nach der anderen. Geduldig hörte sie sich an, was sie zu sagen hatten. Gütig redete sie mit ihnen, einzeln und in Gruppen. Den Mädchen fiel es schwer, Teresas Zuneigung und ihre aufrichtigen Bitten zu ignorieren. So beruhigte sich innerhalb kurzer Zeit der Aufruhr. Friede und Ordnung waren in der Klosterschule wiederhergestellt.

Mutter Teresa dankte Jesus, nicht nur für die Rückkehr zu einem normalen Schulbetrieb, sondern auch dafür, dass ihre Mitwirkung bei der Konfliktlösung einer der Gründe dafür war, dass ihre Oberin ihr die ersehnte Erlaubnis gab, unter den Armen in den Slums zu arbeiten.

Dennoch fehlte Teresa die Erlaubnis des Erzbischofs, ohne die sie nicht jede Arbeit in Kalkutta verrichten konnte. Erneut drängte sie ihren geistlichen Vater, Pater van Exem, ihr die Erlaubnis zu beschaffen. Zu jener Zeit verrichteten die Kongressabgeordneten Indiens – inspiriert von dem großen Mahatma Gandhi – alle Arten von sozialen Diensten unter den Armen. Pater Henry aus Teresas Pfarrei, der bereits beträchtliche Erfahrung in der Arbeit unter den Armen in den Slums hatte, wurde von Pater van Exem als Begleiter gewählt, um in Teresas Auftrag beim Erzbischof vorstellig zu werden. Die beiden Patres versuchten ihr Bestes, um ihn davon zu überzeugen, dass keinerlei Schaden entstehen würde, wenn er Mutter Teresa die Erlaubnis für ihre Arbeit unter den Armen erteilen würde. Aber je länger der Erzbischof darüber nachdachte, desto widerwilliger wollte er dieser Bitte entsprechen. Er hielt es für ein Risiko. Sein abschließendes Urteil: »Es ist zu gefährlich für eine europäische Nonne, in die Slums oder Straßen von Kalkutta hinunterzugehen und unter den Armen zu wirken. Lasst uns zumindest ein weiteres Jahr warten, bevor wir mit diesem Wagnis beginnen.«

Stattdessen schlug der Erzbischof Mutter Teresa vor, mit den Töchtern von St. Anne zu leben und zu arbeiten. Diese religiöse Gemeinschaft stand unter seiner Obhut. Die Töchter kleideten sich wie indische Frauen, aßen einfache Nahrung, schliefen zusammen in einem Saal, lebten wie die Armen und arbeiteten für die Armen. »Versuche es einfach«, drängte der Erzbischof. Fakt sei, dass der Vatikan keine Zulassung weiterer Frauenorden befürworte. Jeder Bischof, der sich um die Approbation eines neuen Ordens in seiner Diözese bemühe, müsse beweisen, dass keiner der bereits existierenden die Arbeit des neuen ebenso machen könne. Daher gelte es, die bestehenden zu vergrößern. Mutter Teresa lebte und arbeitete einige Zeit in dieser Frauengemeinschaft. Dennoch war ihr vollkommen klar, dass ihr Jesus die zweite Berufung nicht für diese Art zu leben gegeben hatte. Und auch Pater van Exem hatte zu der Zeit keinerlei Zweifel daran.

So traf Pater van Exem nach einiger Zeit erneut den Erzbischof und stellte den Brief, den Teresa an den Erzbischof geschrieben hatte, unter ein neues Licht. Er erklärte, dass es laut Teresas zweiter Berufung ihre Absicht war, nicht nur unter den Armen zu wirken, sondern ausdrücklich unter den *Ärmsten der Armen*. Ihnen wollte sie geben, was immer sie hatte. Letztendlich entschloss sich der Erzbischof, ihr eine eingeschränkte Erlaubnis zu erteilen. Doch damit waren noch lange nicht sämtliche Hürden überwunden.

Als Nächstes musste Mutter Teresa nämlich versuchen, eine Erlaubnis aus Rom zu erhalten. Mutter Gertrude, die Generaloberin des Loreto-Ordens, erlaubte Mutter Teresa nach Rom zu schreiben und darum zu bitten, den Konvent verlassen zu dürfen. Sobald Teresa Mutter Gertrudes Zustimmung hatte, schrieb sie einen Brief an den Heiligen Vater, Papst Pius XII.:

»Heiliger Vater,

diese, Ihre niedrige Dienerin erhielt einen ›Ruf innerhalb ihrer Berufung‹, der mir besagte, ich solle alles abtreten, was ich besitze, und mich selbst in den Dienst an den Ärmsten der Armen in den Slums stellen. Demütig bitte ich nun Eure Heiligkeit, mir dafür sowohl die nötige Erlaubnis zu geben als auch den Segen ...«

Im Februar 1948 schickte Erzbischof Perier Teresas Brief nach Rom, zusammen mit einem Schreiben, das Details über das Leben und die Arbeit der Antragstellerin enthielt. Am 12. April 1948 sandte der Heilige Vater über den apostolischen Nuntius ein Dekret nach Delhi, in dem er ihr die Erlaubnis erteilte. Dennoch dauerte es noch weitere Monate bis zum 8. August, bis Mutter Teresa nach der heiligen Messe von Pater van Exem in den Salon des Erzbischofs bestellt wurde und dort die gute Nachricht erhielt:

»Teresa, du hast für ein Jahr das Dekret der Exclaustration (Erlaubnis, ein Kloster zu verlassen). Du kannst mit der Arbeit beginnen … Du bist nicht länger eine Loreto-Schwester.«

Ein Glücksgefühl erfüllte ihr Herz und sie dankte Gott. Nach Ablauf dieser Zeit würde eine weitere Erlaubnis für diese Form ihrer Arbeit vom »guten Ermessen« des Erzbischofs abhängen. Teresa fiel es äußerst schwer, sich für immer aus Loreto zu verabschieden. Trotz ihrer Berufung war dies das größte Opfer, das je von ihr verlangt wurde, das schwierigste, das sie je bringen musste. Es war sogar schwerer, als damals ihre Familie und ihr Land zu verlassen, um als Nonne ein religiöses Leben zu führen. In Loreto hatte sie ihre spirituelle Ausbildung erhalten und für eine lange Zeit gearbeitet. Loreto bedeutete ihr alles. Dennoch verließ sie diesen Ort, um den Armen und Mittellosen zu dienen, wie sie selbst sagte: »*Dankt Gott.*«

Am 18. August 1948 schloss sich dann das Tor des Loreto-Klosters für immer hinter ihr. Zum ersten Mal in ihrem Leben fühlte sie sich wie ein kleines Boot ohne Bootsmann, das inmitten der wilden Wellen eines riesigen Sees trieb. Sie hatte niemanden, der sie unterstützte, keinen Platz für sich selbst, kein Geld, keine Arbeit und niemanden, auf den sie sich verlassen konnte. Zum ersten Mal in ihrem Leben fühlte sie sich hilflos wie eine Waise.

Mit Tränen in den Augen betete sie zu Jesus: »Herr, du allein bist meine Stütze. Ich vertraue deinem Ruf. Du wirst mich nicht fallen lassen.« Dann sang sie wie der Psalmist: »Ich setze all meinen Glauben in dich, mein Herr. All meine Hoffnung liegt in deiner Gnade.« Und sie dachte an die Worte des Herrn: »Denn wahrlich, ich sage euch: Wenn ihr Glauben hättet wie ein Senfkorn, dann könntet ihr zu diesem Berg da sagen: Rücke von hier

weg dorthin und er würde wegrücken und nichts würde euch unmöglich sein.« (Mt 17,20)

*»Doch eng ist die Pforte und schmal der Weg, der zum Leben führt,
und wenige sind es, die ihn finden.«* (Mt 7,14)

KAPITEL 3

Die Kinder unterm Guavenbaum

Mutter Teresa war zwar eine Lehrerin, aber sie hatte weder das nötige Wissen noch genügend Erfahrung, um sich um Arme zu kümmern. Sie hatte jedoch von einer Krankenschwesternschule am Hospital zur Heiligen Familie in Patna am Ganges gehört, die von Schwestern der Medizinischen Mission geführt wurde. Mit Hilfe von Erzbischof Perier schaffte sie es, in der Schule aufgenommen zu werden, um sich das nötige medizinische Wissen anzueignen. Sie machte sich auf den Weg nach Patna und legte vorher die Ordenstracht der Loreto-Schwestern ab, die sie beinahe 20 Jahre lang getragen hatte. Stattdessen zog sie einen einfachen weißen Sari mit blauem Rand an, der später die Tracht der Missionarinnen der Nächstenliebe (MC) werden sollte.

Damals nahm sich Mutter Teresa ein Vorbild an den vielen Frauen, die in Kalkutta als Abfallsammlerinnen arbeiteten. Tagtäglich gingen sie von Haus zu Haus, sammelten die Fäkalien und schafften sie fort. Sie trugen die billigsten weißen Saris mit einem blauen Rand. Mutter Teresa dachte, dass solche Saris die passendste Tracht für sie und ihre Schwestern wären. »Ist es nicht besser, die Kleidung der Armen zu tragen, wenn wir ihnen dienen wollen?«, sagte sie sich. Pater van Exem segnete drei solcher Saris und gab sie ihr.

Später fand Mutter Teresa eine neue Aussage und Bedeutung für diese Kleidung: Für sie drückte der weiße Sari Heiligkeit aus und das blaue Band stand für die Gottesmutter Maria. So wie bengalische Frauen ihre Hausschlüssel gut verwahren, indem sie sie an das eine Ende ihrer Saris binden, so band Mutter Teresa ein kleines Kruzifix an ein Ende ihres Sari.

Gottes Beistand, verbunden mit dem ihr eigenen Enthusiasmus und Eifer, bewirkte, dass Mutter Teresa in kurzer Zeit sich das nötige medizinische Wissen aneignete, um sich um Kranke und Gebrechliche zu kümmern. Sie bekam genügend Erfahrung, um Neugeborene versorgen zu können, häufige Krankheiten zu diagnostizieren, einfache Medikamente zu verschreiben, dringliche Injektionen zu verabreichen und Unfallopfern medizinisch beistehen zu können. Kaum hatte sie alles erlernt, was sie sich vorgenommen hatte, wollte Mutter Teresa nach Kalkutta zurückkehren. Aber weder Pater van Exem noch der Erzbischof waren gewillt, ihr ohne eine mindestens sechsmonatige Ausbildung zu erlauben, mit ihrer Arbeit in den Slums zu beginnen. Pater van Exem kam nach Patna, wo er Schwester Stephanie, die Leiterin der Medizinischen Missionsschwestern traf. Schwester Stephanie erklärte Pater van Exem, dass Teresa ausreichende medizinische Schulung erhalten hatte, um in den Slums zu arbeiten. Zudem war sie zuversichtlich, dass Teresa keinen Fehler machen würde.

In der Zwischenzeit erlangte Teresa die Gunst von Mutter Dengel, der Gründerin der Medizinischen Missionsschwestern. Sie hatte unter großen Schwierigkeiten für ihre Nonnen erwirken können, dass diese in ihren Krankenhäusern Operationen durchführten und Hebammenfunktionen ausübten. Eines Tages eröffnete Teresa Mutter Dengel ihre Pläne für die Zukunft: »Die Schwestern der Gemeinschaft, die ich gründen will«, erklärte sie ihr, »werden das Leben der Armen Indiens führen. Sie werden sich kleiden und essen wie die Ärmsten der Armen, die sie füttern, einkleiden und pflegen. Die Armen in Indien bekommen kaum Reis und Dal (rote Linsen) für ihre Mahlzeiten; wir aber werden mit Reis und Salz zufrieden sein.«

Mutter Dengel, die sowohl für Teresas zweite Berufung als auch für ihr neues Programm große Bewunderung hegte, lächelte breit und sagte: »Schwester Teresa, deine Absichten sind gut. Aber die Art, wie du sie umsetzen möchtest, scheint mir unangemessen und unpassend. Die Schwestern müssen genügend essen, nicht nur um anderen zu dienen, sondern auch um zu überleben. Wenn sie ohne genügend Nahrung arbeiten, ist ihnen effizientes Arbeiten unmöglich. Noch dazu werden sie Opfer derselben Seuche, Tuberkulose, welche die Armen befällt. Du solltest Jesus nicht dazu verführen, täglich Wunder für dich zu wirken, nur um die Gesundheit deiner Mitschwestern zu erhalten.«

Teresa sah in dieser Anweisung Mutter Dengels einen Befehl des Herrn. Dennoch konnte sie in ihren Gedanken nur den Weg des Elends sehen, auf dem die Armen lebten. »Haben sie passende Kleidung?«, fragte sie sich. »Genug Essen? Einen Platz zum Wohnen? Haben sie einen Ventilator, einen Kühlschrank, eine Waschmaschine oder irgendein anderes modernes Gerät, an dem sich selbst einfache Menschen in diesem Jahrhundert erfreuen? Wenn nicht, wieso sollten dann die Schwestern solche Geräte haben?«

In Kalkutta existierte eine Gemeinschaft der »Kleinen Schwestern der Armen«, die Jeanne Jugan, eine französische Nonne, gegründet hatte. Die Schwestern waren der Armut verpflichtet und lebten von dem, was sie durch Betteln erhielten. Die Schwestern umsorgten in ihrem Heim St. Joseph fast 200 alte Menschen. Ein kleiner Raum im ersten Stockwerk war eine Zeit lang Teresas Bleibe, als sie von ihrer medizinischen Ausbildung in Patna nach Kalkutta zurückkehrte. Jeden Morgen nach der Messe und dem Frühstück pflegte Teresa von St. Joseph in die Slums hinauszugehen, um die armen, kranken und erbarmungswürdigen Mittellosen zu pflegen, die sich in einer schlimmeren Lage befanden als die alten Menschen im Heim. Sie lebten am Straßenrand ohne irgendjemanden, auf den sie sich verlassen konnten.

Teresa fühlte, dass indische Kleidung allein nicht ausreichen würde, damit sie für Inder arbeiten konnte. Also wurde sie in jenem Jahr indische Staatsbürgerin. Indien ist ein großartiges Land. Es gibt zwar große wirtschaftliche Armut, aber in ihren Gedanken sind Tausende Arme Indiens unermesslich reich. Teresa wollte mit ihnen und wie sie leben. »Es sind die Armen Indiens, die aus mir das machten, was ich bin«, sagte sie gewöhnlich. »Ich bin ihnen verpflichtet. Mein Leben und meine Seele sind mitten unter diesen Menschen.«

Am Morgen des 21. Dezember ging Mutter Teresa, bekleidet mit ihrem blauumrandeten Sari, zum Pfarrhaus von St. Teresa, wo Pater Henry lebte. Sie fragte ihn, ob er sie wieder erkenne. Er betrachtete sie neugierig, lächelte breit und sagte dann mit dem Kopf nickend: »Natürlich, Mutter Teresa. Wohin gehst du?«

»Motijhil«, antwortete sie ihm. Diese Gegend von Kalkutta lag jenseits der Mauern der Schule, in der sie lange Zeit unterrichtet hatte, ungefähr drei Meilen entfernt vom Heim St. Joseph. »Motijhil« bedeutet »See der Perlen«. Aber statt Perlen gab es dort nur ein Loch, das mit Schmutzwasser angefüllt und von schmutzigen Slums umgeben war. In dem ganzen Gebiet stank es faulig und alle Arten von Krankheit sowie Armut, Niedergeschlagenheit und Erniedrigungen schienen dort heimisch zu sein. Teresa betrat diesen Ort und musste sich hie und da die Nase zuhalten.

Sie traf einige nackte Kinder, die umherirrten wie Schäflein ohne Hirten. Teresa lächelte sie an, sprach mit sanfter Stimme zu ihnen und umhüllte sie mit ihrer unerschöpflichen Liebe. Bald hatte Teresa sie davon überzeugt, ein Bad zu nehmen. Zum ersten Mal in ihrem Leben sahen diese Kinder ein Stück Seife! Wie hätten sie auch davon wissen können? Ihre Eltern waren Abfallsammler oder Straßenkehrer. Sie arbeiteten für die Kalkutta Corporation und lebten in kleinen Hütten im totalen Schmutz. Überall aus den Hütten hörte man Husten, Weinen oder Jammern und es gab keine einzige Baracke, in der nicht wenigstens ein kranker Mensch wohnte. »Verursacht nicht die Dunkelheit des Unwissens all dies?«, fragte Mutter Teresa sich selbst. Also entschied sie, zunächst jene Dunkelheit zu vertreiben und die Lampe des Wissens anzuzünden.

Sie rief alle Kinder, die sich gerade in der Nähe befanden, zu sich. Vier oder fünf reagierten. Dann sprach Teresa ein Gebet und begann, das bengalische Alphabet zu lehren. Statt Kreide benutzte sie ein Stück Stock und statt einer Schiefertafel den feuchten Boden. Zwischen den Hütten fand sie einen kleinen, leeren Platz. Dort, unter einem Guavenbaum, begann sie mit ihrem Unterricht. Danach besuchte Teresa die Hütten und erklärte alle Kranken zu ihren Patienten. Sie erkundigte sich nach ihrem Befinden und tröstete sie.

Als sie hörte, dass in der Gegend ein freier Raum zu mieten war, erkundigte sie sich nach dem Mietpreis. Fünf Rupien pro Monat, war die Antwort. Mutter Teresa war einverstanden, und so wurde jener Raum ihr Klassenzimmer. Die Zahl der Schüler stieg bis auf 35. Teresa brachte ihnen das bengalische Alphabet bei, aber auch wie sie die Haare waschen und kämmen sollten und wie sie sich selbst sauber hielten und bekleideten. Sie erklärte ihnen, dass sie alle Kinder Gottes seien, der sie sehr liebe. Schon bald hatten ihre Schüler die ersten Lektionen über Sauberkeit und Hygiene gelernt. Sie begannen den Unterricht regelmäßig zu besuchen, ihre Körper zu reinigen, Kleider zu tragen und ihre Haare zu waschen. Mutter Teresa gab ihnen je ein Stück Seife als Anerkennung für Reinlichkeit, Regelmäßigkeit oder Aufmerksamkeit. Später gelang es ihr sogar, etwas Milch aufzutreiben, die sie ihnen mittags geben konnte. Der Einsatz, mit dem sie ihre Arbeit beginnen musste, waren lediglich fünf Rupien, aber die Worte der Bibel »Der Herr ist mein Hirte, mir wird es an nichts mangeln« gaben ihr Mut.

Allmählich bemerkten die Menschen, was Teresa tat. Obwohl sie selbst arm waren, gaben sie ihr alles, was benötigt wurde, ohne dass sie je danach fragen musste. So kam eins zum anderen in ihr Klassenzimmer: Schiefertafel, Kreide, Stuhl und Tisch. Dann spendete ihr Pater Vikar vom Park Circus 100 Rupien. Damit konnte sie noch ein zweites Zimmer anmieten. Nun hatte Mutter Teresa einen Raum für den Unterricht und einen für die Apotheke. Diese Apotheke diente sogar auch als das erste Heim für kranke und sterbende Arme.

Bereits am zweiten Tag kamen einige von Mutter Teresas ehemaligen Schülerinnen nach Motijhil und halfen ihr bei der Arbeit. Später schlossen sich ihr auch einige Lehrer und frühere Mitarbeiter an. Da Teresa ihre frühere Rektorin war, kamen sie gerne und identifizierten sich mit der Arbeit, die sie ausübte. Sie bemitleideten sie sogar, als sie sahen, unter welch erbärmlichen Umständen Mutter Teresa arbeitete. Aber dennoch: Um zu bleiben und mit ihr auf Dauer zu arbeiten, so weit reichte die Sympathie zu Teresa nicht. Mutter Teresas Tagebuch aus jener Zeit enthüllt, was ihre Gedanken beschäftigte:

»Ich sah Master X am Freitag. Er kam hungernd zur Schule, denn daheim hatte er nichts mehr zu essen. Ich hatte drei Annas [1/16 einer Rupie] für meine Rückfahrt mit der Straßenbahn bei mir. Ich gab sie ihm und bat ihn, sich etwas zu essen zu kaufen. Am Abend kehrte ich in meine Behausung zu Fuß zurück. Heute habe ich eine gute Lektion gelernt.
Unser Herr will, dass ich eine freie Nonne bin, umgeben von der Armut des Kreuzes. Die Armut der Mittellosen muss so hart für sie sein. Während ich nach Hause ging und ging, bis meine Beine wehtaten, überlegte ich, wie sehr den Armen Leib und Seele schmerzen müssen, indem sie immer auf der Suche nach einem Heim, Essen und Gesundheit sind.«

Da begann die Erinnerung an den Komfort von Loreto sie zu verführen: »Du musst nur ein Wort sagen, und alles wird wieder dein sein«, sagte der Verführer immerzu. Teresa betete dagegen an: »Aus freien Stücken, mein Gott, und aus Liebe zu dir will ich bleiben und das tun, was immer auch dein heiliger Wille für mich vorsieht.«

Sie vergoss nicht eine Träne, aber sie betete zum Herrn, ihr die Stärke zu geben, um Seinen Willen auszuführen: »Die Armen sollen unterrichtet werden«, sagte sie sich. »Die Kranken sollen gepflegt werden. Den Verzweifelten soll Schutz gewährt werden. Die Überzeugung, dass ein jeder ein Kind Gottes ist, soll den Geist aller bereichern. Mitten unter den Armen lebend möchte ich ihnen geben, was immer sie wollen. Ihnen soll geholfen und sie sollen aufgerichtet werden. Diese Aufgabe, welche mir der Herr durch seinen Ruf gab, soll erfüllt werden.«

Doch sie hatte auch negative Gedanken, die sie in ihr Tagebuch notierte: »Ich bin zu gar nichts zu gebrauchen. Zu gar nichts! Ich bin völlig nutzlos, wie ein Fass ohne Boden. Ich bin für nichts gut.«

Aus einem Strudel der Verzweiflung und der Einsamkeit richtete sie ein Stoßgebet an Jesus.

Und sie flehte zu unserem Herrn: »Mein Gott, du, nur du. Ich vertraue auf deinen Ruf, in deine Eingebung. Du wirst mich nicht fallen lassen. Herr, du bist meine Stärke, nur du allein. Mein Sein und all das, was zu mir gehört, gehört dir. Benutze mich und mache mich zu deinem Werkzeug. Warst es nicht du, der mich aus Loreto holte? War ich in jenem Konvent nicht von irgendeinem Nutzen? Jetzt aber steh mir bei. Ohne dich vermag ich nichts. Ohne dich bin ich blind. Ich irre in der Dunkelheit umher, Herr, führe mich in das Licht. Führe mich, wohin und wie es dir beliebt.«

Voller Verzweiflung flehte sie. Schließlich brachte ihr Glaube

die Tränen zum Versiegen und rettete sie davor, in einem See der
Verzweiflung zu ertrinken.

»Der Herr ist mein Hirte.
Ich leide nicht Not.« (Ps 23,1)

KAPITEL 4

Gott und Mister Gomez

Im Februar 1949 musste Mutter Teresa eine neue Bleibe finden, aber sie fand keine. Tagelang wanderte sie umher und ihre Füße schmerzten. Da wurde ihr zum ersten Mal in ihrem Leben bewusst, welche Angst und Qual jene Armen zu erdulden hatten, die kein Haus zum Schlafen besaßen. Teresa war davon überzeugt, dass der Allmächtige, der sie aus Loreto geholt hatte, ihr eine passende Wohnung besorgen würde. Aber auch sie musste ihren kleinen Teil dazu beitragen: So bat sie ihren geistlichen Vater van Exem, für sie eine Hütte oder ein kleines Haus zu finden. Pater Henry von der Pfarrei St. Teresa half ihr ebenfalls. Beide fuhren auf ihren Fahrrädern quer durch die Straßen Kalkuttas, um ein Haus für diese arme Nonne zu suchen. Eines Tages dann konnte ihr Pater van Exem endlich eine gute Nachricht überbringen: »Mutter Teresa, ich habe ein passendes Heim für dich gefunden. Es ist im obersten Stock des Hauses von Michael Gomez.«

Als Teresa dorthin fuhr, um es zu besichtigen, konnte sie ihre Überraschung nicht verbergen. Es schien zu groß und von zu hohem Standard und daher äußerst ungeeignet für arme Nonnen.

Da sagte Pater Henry: »Denke daran, was immer es sein mag, es ist das, was unser Herr entschieden hat, dir für den Moment zu geben.«

Nach diesen Worten zögerte Teresa nicht länger. Sie hatte zu Jesus gebetet, ihr eine Hütte zu geben, und er gab ihr einen Palast! Am nächsten Tag, dem 28. Februar, zog sie ein. Mister Gomez war ein großzügiger Mann und verlangte keine Miete. Charur Ma, eine Witwe, die in der Schule St. Mary arbeitete, kam zusammen mit Teresa zum Haus von Herrn Gomez. Und sie hatte noch eine nette Gesellschaft – Mabel, die achtjährige Tochter von Mister Gomez, die mit ihr jeden Tag in die Slums ging.

Mutter Teresas nächstes Problem bestand darin, dass sie nicht wusste, woher sie all die dringend benötigten Arzneien kostenlos hernehmen sollte. Sie wollte schon dafür betteln gehen, als Mister Gomez so liebenswürdig war, sie zu einer großen Drogerie zu begleiten. Es gab dort viele Medikamente, die Mutter Teresa dringend brauchte. Sie legte dem Geschäftsführer eine umfangreiche Liste vor und bat ihn in unterwürfigem Ton: »Sir, ich wäre Ihnen sehr zu Dank verpflichtet, wenn Sie mir diese Arzneien für die Armen freundlicherweise geben würden. Den Armen wäre es eine große Hilfe, aber ich habe kein Geld.«

Der Geschäftsführer warf die Liste auf den Tisch und starrte die kleine Nonne eine Minute lang an. Dann schrie er wütend: »Frau, du machst einen großen Fehler. Dies ist nicht der Ort, an dem du gratis Arzneien bekommst. Dies ist der Platz, an dem wir Arzneien *verkaufen*. Verstehst du? Ich habe noch eine Menge Arbeit. Würdest du mir jetzt bitte gestatten, sie in Ruhe zu erledigen?«

Mutter Teresa antwortete nicht. Auch Mister Gomez blieb still. Aber Teresa betete zu Gott, dass er den Manager, der sie mit seinen rauen Worten beschimpft und gedemütigt hatte, reichlich segnen möge. Mutter Teresa verließ das Geschäft und begab sich auf die Straße. Mit all ihrer Kraft gedachte sie der Gottesmutter, während sie leise einen Rosenkranz betete.

Dem Manager aber wurde schwer ums Herz und zur Überraschung der Nonne und ihres Begleiters kam er zu ihr und sagte mit sanfter, freundlicher Stimme: »Bitte nimm diese drei Päckchen von dem Tisch. Es sind die Medikamente, um die du gebeten hast. Ich bitte dich, sie als Geschenk unserer Firma anzunehmen.«

»Vielen Dank, Sir«, entgegnete Mutter Teresa. »Gott segne dich und deine Firma.«

Teresa besaß stets ein unerschütterliches Vertrauen, dass sie auf die Fürsprache unserer Heiligen Mutter all das bekommen würde, was immer sie auch brauchte. Und in der Tat wurden ihr über diese Weise unzählige Gefälligkeiten erwiesen. »Wie der heilige Bernhard sagte«, betonte sie häufig, »wenn wir unsere Heilige Mutter ehrlich und wiederholt bitten, so wie es ein Kind bei seiner Mutter tut, dann wird sie uns nie abweisen. Versucht es auch und schaut, ob ihr dann noch zweifelt.«

Eines Tages, noch bevor sie im Haus von Mister Gomez wohnte, klopfte jemand an Mutter Teresas Tür. Sie traute ihren Augen kaum, nachdem sie geöffnet hatte, denn vor ihr stand Subhashini, eine ihrer früheren Schülerinnen in St. Mary. Als sie die Schule im Alter von neun Jahren besucht hatte, war Mutter Teresa ihre Klassenlehrerin gewesen. Mutter Teresa hieß sie mit offenen Armen willkommen.

Subhashini sagte: »Mutter, ich bin gekommen, um mit dir zu leben.« Sie war die Erste, die Teresas noch zu gründender Gemeinschaft beitreten wollte!

In Loreto war Subhashini Mitglied der Marianischen Schwesternschaft gewesen. Sie hatte Mutter Teresa bei ihren Armen- und Krankenbesuchen begleitet und besaß daher alle nötigen Voraussetzungen, um eine hervorragende Nonne zu werden. Aber dennoch war Mutter Teresa besorgt.

»Schau«, sagte Teresa. »Sieh meine rauen Hände und meinen einfachen und billigen Sari an. Vergleiche sie mit deinen und dann sage mir, ob es dir möglich ist, ein solch einfaches Leben zu führen? Du müsstest dich selbst vergessen. Du müsstest dich selbst verleugnen, dich vollständig aufgeben und Gott und unseren Mitmenschen verschreiben. Du müsstest bereit sein, zu leiden unter Opfern aller Art. Dann und nur dann …«

»Mutter«, unterbrach Subhashini, »ich bin bereit. Ich habe lange darüber nachgedacht und bin vorbereitet.«

Mutter Teresa fühlte den großen Wunsch, ihre junge Freundin aufzunehmen, aber für den Moment opferte sie ihn um Jesu willen. Sie drängte Subhashini, zurückzugehen, etwas ernsthafter darüber nachzudenken und einige Tage lang zu Jesus zu beten. Teresa konnte ihr kurzfristig nicht einmal Unterkunft anbieten, obwohl sie sicher war, dass Jesus ihnen alles zur rechten Zeit geben würde.

»Du bist willkommen, dich mir anzuschließen«, sagte sie, »aber nicht jetzt. Nicht, bis wir ein Haus haben. Daher gehe bitte und komme in ein paar Tagen wieder. Ich werde für dich beten.« Subhashini ging wie eine gehorsame Schülerin. Die Tage vergingen. Am 19. März, zum Fest des heiligen Josef, betete Mutter Teresa gerade, als es wieder an ihre Tür klopfte. Subhashini war zurückgekehrt. Erneut war Teresa überrascht, sie zu sehen, denn nun sah Subhashini vollkommen verändert aus. Sie trug keinerlei Schmuck. Selbst die Kleider, die sie trug, waren von der billigsten Sorte. Dies waren klare Zeichen ihrer Selbstaufgabe. Sie sagte: »Mutter, hier bin ich. Bitte verlange nicht, dass ich zurückgehe. Meine Entscheidung, mich dir anzuschließen, kam vom Grunde meines Herzens.«

Und so umarmte Mutter Teresa ihre Schülerin mit mütterlicher Zuneigung und hieß sie willkommen im Hause von Mister Gomez, das die göttliche Vorsehung für sie bereitgestellt hatte. Von jenem Tag an war Subhashini die erste und beste unter den Schwestern der Missionarinnen der Nächstenliebe. Teresas Taufname war Agnes, was »rein« bedeutet, und Agnes war der Name, den Subhashini als Ordensnamen erhielt.

Bis zu ihrem letzten Atemzug war Schwester Agnes Mutter Teresas rechte Hand. Sie war die erste Novizin und die Schwester, die während Mutter Teresas Abwesenheit alle Verantwortung im Konvent übernahm und sie ausgezeichnet meisterte. Am 9. April 1997, als Schwester Agnes in Kalkutta an Krebs starb, gab Gott Mutter Teresa die Gnade, an ihrem Bett sein zu können, um sie in den letzten Minuten ihrer Qual zu pflegen und zu trösten.

An jenem Tag im Jahre 1949 dankte Mutter Teresa Jesus, dass er ihr Schwester Agnes gegeben hatte. Vor dem Altar kniete sie nieder und dankte Jesus im Heiligsten Sakrament: »Mein geliebter Jesus, wie gut du bist! So sendest du sie alle eine nach der anderen zu meiner bescheidenen Gruppe. Du hältst das Versprechen, das du mir gabst. Hab Dank, hab vielen Dank, Jesus, für deine Güte.«

Zu jener Zeit benutzte Mutter Teresa, wie erwähnt, einen der beiden Räume, die sie in Motijhil gemietet hatte, als Apotheke. Eines Tages erfuhr sie, dass eine muslimische Frau krank war. Sie nahm einige Medikamente aus dem Vorrat, ging zur Hütte der Frau und gab ihr die nötigen Arzneien, tröstete und beruhigte sie. Die kranke Frau dankte ihr mit einem wunderschönen Lächeln und sagte: »Die ganzen letzten Jahre hatte ich entsetzliche Schmerzen. Erst heute fühle ich zum ersten Mal überhaupt keinen Schmerz. Es ist Allah, der dich zu mir geschickt hat!« Eine andere ältere Muslima faltete ihre Hände und bat: »Mutter, würdest du mir bitte etwas versprechen? Sollte ich schwer krank werden und kurz vor dem Tode sein, könntest du bitte kommen und bei mir sitzen? Ich möchte nah bei Allah sein, wenn ich sterbe. Das ist mein einziger großer Wunsch.«

Es gab viele ältere Menschen und Kinder in Motijhil, die Liebe und Trost brauchten. Mutter Teresa pflegte Patienten, die an Meningitis, Cholera, Wundstarrkrampf und anderen ernsthaften

Krankheiten litten, und diejenigen, denen sie selbst nicht helfen konnte, schickte sie in das Campbell Hospital. Wann immer sie um die Ambulanz bat, waren die Verantwortlichen sofort bereit, den Krankenwagen zu schicken.

Mutter Teresa hatte Schwester Rosario ihre ersten Lektionen Bengal beigebracht – damals in Loreto. Als nun Schwester Rosario Schulrektorin von St. Mary wurde, stellte sie freundlicherweise Teresa einen kleinen Raum in der Gemeindeschule als Apotheke zur Verfügung. Nach dem Ende des Unterrichts erlaubte ihr Schwester Rosario ebenfalls, die Veranda der Schule als zeitweiliges Behandlungszimmer zu nutzen, besonders für die unterernährten Menschen, die an Tuberkulose litten. Die meisten von ihnen waren arme Rikscha-Fahrer, Träger oder andere hart arbeitende Menschen, die kein Geld zur Behandlung ihrer Krankheit hatten. Mutter Teresa konnte unmöglich Nein zu Jesus sagen, der in jedem von ihnen gegenwärtig war. Es war ihr Auftrag, ihnen zu dienen, und auf die eine oder andere Weise schaffte Teresa es, sie zu behandeln und die für sie nötigen Medikamente von irgendwoher zu besorgen.

Mister Gomez erzählt gern die folgende Geschichte: »Eines Tages fuhr ich mit Mutter Teresa in der Straßenbahn nach Howrah. Indien war gerade ein unabhängiges Land geworden. Überall im ganzen Land freuten sich die Menschen über ihre hart verdiente Freiheit. Und es war die Zeit, in der die Menschen über all die Unterdrückung und Tyrannei nachdachten, die sie in den Fesseln der ausländischen Herrscher hatten durchmachen müssen. Die Menschen in der Straßenbahn sahen, dass Mutter Teresa wie eine bengalische Frau einen weißen Sari trug. Dennoch sah man, dass sie eine Fremde war. Verächtlich äußerten sie sich in Bengal: »Was haben jetzt Ausländer im freien Indien zu suchen? Bleiben sie nicht hier, um die Hindus zum Christentum zu bekehren? Alle Fremden sollten in ihre Länder abtransportiert werden.« Sie dachten, Mutter Teresa verstünde kein Bengal, und sie beschimpften und lachten über sie in ihrer Muttersprache.

Mutter Teresa kannte ihre Grundrechte als Inderin nicht. Indien ist ein säkularer Staat, in dem jede Person laut Verfassung das Recht hat, an jegliche Religion zu glauben und jegliche Religion zu verkünden. Sie blickte auf jene, die sie beleidigten, mit Toleranz und Vergebung. Dann sagte sie leise, aber deutlich, in reinem Bengal: ›Ami Bharather, Barath Amar.‹ Das heißt: ›Ich bin eine Inderin und Indien ist mein Land.‹

Für die Leute in der Straßenbahn war das eine große Überraschung. Sie hörten die Worte mit großem Erstaunen. Bald tat ihnen ihr Gerede Leid und sie schämten sich. Die Folge war, dass keiner von ihnen den Mund öffnete, bis Howrah erreicht war.«

Am 29. Mai 1949 schrieb Teresa einen Brief an eine Freundin in Europa:

»Es wird dich freuen zu hören, dass ich zum gegenwärtigen Zeitpunkt drei Mitstreiterinnen habe – großartige und eifrige Mitarbeiter. Wir suchen verschiedene Slums jeweils für einige Stunden auf. Welch ein Leid! Welch ein Hunger nach Gott! Aber wir sind so wenige, die unseren Herrn zu ihnen bringen. Du solltest ihre erwartungsvollen Gesichter sehen, wie sie aufleuchten, wenn die Schwestern zu ihnen kommen. So verschmutzt und nackt sie auch immer sein mögen, ihre Herzen sind voller Liebe und Zuneigung. Ich vertraue auf deine Gebete. Bitte Unsere Liebe Frau, dass sie uns mehr Schwestern gebe. Allein in Kalkutta hätten wir alle Hände voll zu tun, selbst wenn wir 20 wären.«

Im November 1949 schrieb sie erneut an ihre Freundin:

»Bete, dass diese kleine Gemeinschaft, wenn es Gottes Wille ist, wachse an Heiligkeit und an Mitgliedern. Es gibt so viel zu tun; zur Zeit sind wir fünf. Aber bitte Gott, dass sich mehr zusammenfinden und dass wir dann in der Lage sind, rund um Kalkutta einen Ring der Nächstenliebe aufzubauen, in dem wir unsere Zentren in den verschiedenen Slums als Stützpunkte benutzen, und von diesen Punkten aus möge die Liebe unseres Herrn frei in die große Stadt Kalkutta strahlen.

Es wird dich freuen, zu erfahren, dass wir in Boitakhana eine Sonntagsmesse für arme Slumkinder eingerichtet haben. Wir bringen die armen Kleinen und ihre Mütter zur Kirche. Es sind mehr als 120 Mütter und 300 Kinder. Vergangenen März haben wir nur mit 26 Kindern begonnen!

Die katholischen Ärzte und Krankenschwestern in der Apotheke sind wundervoll. Die Art und Weise wie sie sich um die Leute kümmern, man könnte fast glauben, es seien die Prinzen des Landes. Ihre Nächstenliebe ist wunderbar und schön.

Jetzt kannst du in den Slums die Kinder singen hören. Ihre Gesichter strahlen und sie lächeln, wenn die Schwestern kommen. Ihre Eltern, die ihre Kinder nicht schlecht behandeln, ebenfalls. Danach habe ich gestrebt, das unter den Armen zu sehen. *Danke Gott.*«

Heutzutage ist es sehr viel leichter möglich, Tuberkulose und Lepra zu behandeln. Für beide Krankheiten gibt es wirksame Arzneien. Darüber hinaus gibt es Medikamente und Heilverfahren für alle möglichen Arten von Leiden. Mutter Teresa sagte immer: »Die schlimmste aller möglichen Krankheiten, die einen Menschen befallen können, ist das Gefühl, dass er in der Gesellschaft total nutzlos und unerwünscht ist.« Sie war davon überzeugt, dass das Einzige, was diese ernsthafte Erkrankung heilen könnte, willige Hände zum Dienen und große Herzen zum Lieben wären. Also brach sie auf, die verstoßenen, deprimierten und unerwünschten Menschen zu finden, die unter dieser furchtbaren Krankheit litten, und in jedem von ihnen Jesus zu finden; in ihnen Jesus zu erkennen, der verzweifelt ruft: »Mich dürstet nach einem Wassertropfen der Liebe.«

»Suchet vielmehr zuerst das Reich und seine Gerechtigkeit, und all das wird euch dreingegeben werden.« (Mt. 6,33)

KAPITEL 5

Die Limousine von Frau Gandhi

Mutter Teresa pflegte immer zu sagen:

»Ich kann Jesus, der bitterlich weint und klagt, er habe Durst, auf jedem Pfad und aus jedem Slum sehen und hören. Es ist derselbe Jesus, den ich im Allerheiligsten Sakrament sehe. Ich sehe Jesus in Form des Brotes. Ich sehe denselben Jesus hier in den Slums – in den geschundenen Körpern und in den verlassenen Kindern, die ebenfalls rufen: ›Ich habe Durst.‹ Nicht eine oder zwei – sondern eine Vielzahl von Personen! Wie kann ich taub oder untätig bleiben? Wie kann ich fortgehen, ohne Ihm zum Stillen Seines Durstes wenigstens einen einzigen Tropfen Liebe zu geben? Wie auch immer, wie kann ich es bei so unzähligen Rufen alleine tun?«

Der Allmächtige kam Mutter Teresa zu Hilfe: Er begann, gut ausgebildete und eingeschworene Schwestern nach Kalkutta zu schicken, eine nach der anderen, alle Schwester Agnes nachfolgend. Magdalene Gomez, eine frühere Schülerin von Mutter Teresa in St. Mary, wurde Schwester Gertrude, die erste Ärztin der Gemeinschaft. Sie konnte die Armen ausgezeichnet behandeln und für sie sorgen. Agnes Vincent, auch eine ehemalige Schülerin Mutter Teresas, wurde Schwester Florence und bald kamen Schwester Dorothy, Schwester Margaret und so weiter, insgesamt sieben Schwestern. Tatsächlich waren von den ersten zwölf Missionarinnen der Nächstenliebe zehn ehemalige Schülerinnen Mutter Teresas. Sie dankte Jesus für jede einzelne.

Die Missionarinnen der Nächstenliebe mussten wahre Armut erleben. Es gab Zeiten, da mussten sie sich mit rohem Weizen und kaltem Wasser als Abendessen zufrieden geben, obwohl sie den ganzen Tag äußerst hart gearbeitet hatten. Keine beklagte sich jemals. Der Gott der Liebe und Gnade, dem nie entgangen war, wie hart sie versuchten, seinen Durst zu stillen, tröstete sie nicht nur, sondern bezauberte sie manchmal sogar mit einer außergewöhnlichen Segensfülle.

Eines Tages waren Mutter Teresa und ihre mittlerweile 15 Schwestern nach ihrem Tagewerk so hungrig wie jeder andere erbarmenswerte Mensch auch, der den ganzen Tag gearbeitet und nicht gegessen hatte. »Was soll ich tun, mein Herr?«, betete Teresa. Und plötzlich gab ihr der Herr ein, einen kurzen Brief zu schreiben. Schwester Claire überbrachte ihn Herrn Dominic, einem Gentleman aus Goa, der eine Bäckerei hatte. Er nahm den Brief entgegen, als würde er das Entgelt enthalten und schickte sofort zwei Pfund Brot – kostenfrei. Unser Herr hatte ein besonderes Interesse darin, das Feuer der Armut zu löschen, in das Mutter Teresa und ihre Schwestern während der Gründungszeit der Gemeinschaft geraten waren.

Eines Abends beispielsweise hatten sie für ihr Abendmahl genügend Reis zusammen. Aber was taten sie, als Arme erschienen, die tagelang nicht ein einziges Reiskorn gehabt hatten? Die Schwestern verteilten alles, was sie für sich gehabt hatten, unter ihnen auf und nahmen glücklich in Kauf, ohne Essen ins Bett zu gehen. Aber Mutter Teresa dachte daran, dass alle Mädchen, die ihrer Gemeinschaft beigetreten waren, ursprünglich aus gut situierten und reichen Familien stammten. Sie hatten nie Hunger gekannt, bevor sie sich Teresa anschlossen. Es tat ihr weh, sie ins Bett schicken zu müssen, ohne ihnen nach einem harten Arbeitstag irgendetwas zu essen geben zu können. So ging sie in die Kapelle und erzählte dies Jesus mit Tränen in den Augen.

Getröstet ging sie in ihr Zimmer zurück. Nach einiger Zeit klopfte jemand an die Ordenstür. Als Mutter Teresa öffnete, stand vor ihr eine Fremde mit einem Beutel in der Hand.

»Was kann ich für dich tun?«, fragte Mutter Teresa lächelnd, obwohl sie überhaupt nichts hatte, das sie ihr hätte geben können.

Die Fremde erwiderte ihr Lächeln und sagte zu Mutter Teresas großer Überraschung und Zufriedenheit: »Mutter, in diesem Beutel habe ich etwas Reis, würdest du ihn bitte annehmen?«

Teresa nahm ihn dankend an. Es war genau die Zeit zum Abendessen. Mutter Teresa nahm die kleine Blechtasse, mit der die Nonnen ihre Portion Reis maßen. Und Teresa maß den Reis, den man ihr gegeben hatte. Es war exakt die Menge, die sie für jenen Tag benötigt hatten.

Eines Tages gab es im Stadtteil Shishu Bhavan in Delhi nur wenig Nahrung für die dortigen Kinder. Die Schwestern gaben ihnen am liebsten etwas Dal (rote Linsen) mit einfachem Reis. An diesem Tag hatten sie kein Geld, um Dal zu kaufen, und so war Reis mit etwas Salz alles, was die Schwestern den hungrigen Kindern geben konnten.

Zu ihrer Überraschung sahen sie, wie vom Haus der Premierministerin Indira Gandhi ein Auto im Eiltempo nach Shishu Bhavan kam und am Tor hielt. Während die Schwestern es mit offenen Augen anstarrten und sich wunderten, was los sei, wurde die Tür des Wagens langsam geöffnet. Aus dem Wageninneren wurden verschiedene Gemüsesorten herausgereicht! Es war frisch, denn es war erst vor wenigen Minuten aus dem Gemüsegarten geholt worden, und Sonia Gandhi persönlich hatte ihren Fahrer gedrängt, ja sicherzustellen, dass das Gemüse Shishu Bhavan vor Mittag erreichte. An jenem Tag hatten sowohl die Kinder in

Delhi als auch die Schwestern, die sich um sie kümmerten, einen reichhaltigen Mittagstisch! Mutter Teresa war unserem Herrn für dieses und andere Beispiele seiner wundervollen Fürsorge stets dankbar.

Eines frostigen Dezembertags kam eine Neue in die Gemeinschaft nach Kalkutta. Es war so kalt, dass sie nicht ohne Bettzeug schlafen konnte. So sammelten die Nonnen die wenigen vorhandenen Materialien und machten ihr daraus ein Bettzeug zurecht. Aber noch bevor sie das Bettzeug zur Hälfte fertig hatten, wurde die Baumwolle knapp. Sofort ging Mutter Teresa in ihr Zimmer, brachte ihr Kissen und wies die Schwestern an, dessen Wolle zu benutzen, um das Bettzeug zu vollenden. Sie taten es nur widerwillig, denn sie wollten Mutter Teresa nicht auch noch ohne Kissen schlafen lassen.

Es dauerte nicht lange, da läutete jemand an der Tür. Mutter Teresa öffnete einem jungen Europäer die Tür. Wie üblich lächelte sie, wünschte ihm einen guten Abend und fragte: »Was kann ich für dich tun, mein Sohn?«

»Mutter«, sagte er, »könntet ihr mir bitte einen Gefallen erweisen?«

Mutter Teresa sagte zu, dass sie dies tun würde.

»Mutter, ich breche morgen nach England auf. Daher bringe ich dieses kleine Baumwollbettzeug. Ich dachte, dass es hier vielleicht für jemanden von Nutzen sein könnte. Würdet ihr es bitte annehmen, Mutter?«

Er gab Mutter Teresa das baumwollene Bettzeug, das er gefaltet unter seinem rechten Arm trug. Sie nahm es dankbar an. Er redete noch kurz mit ihr. Dabei stellte sich heraus, dass der junge Mann eigentlich nicht geplant hatte, den Nonnen das Bettzeug vor dem nächsten Tag zu geben. Aber er hatte seine Meinung genau in dem Moment geändert, in dem Mutter Teresa beschlossen hatte, ihr Kissen wegzugeben, das ihr nachts ein wenig Bequemlichkeit gegeben hatte. Er war damit zum Werkzeug geworden, das geholfen hatte, indem er sein Bettzeug zum Konvent brachte!

Wenn wir etwas fortgeben in Gottes Namen, so würde Mutter Teresa diese Begebenheit erklären, dann vergilt das der Allwissende mit Liebe, Fürsorge und Anteilnahme und belohnt uns – manchmal auch sofort.

Mister Kushwant Singh begleitete eines Tages Mutter Teresa zu einer Keksfabrik. Sie bestiegen eine voll besetzte Straßenbahn. Sofort erhob sich ein junger Mann und bot ihr seinen Platz an. Ein anderer stand auf, löste einen Knoten in seiner Dhoti (hosenartiges, in ganz Südasien gebräuchliches Beinkleid aus einem Stück Stoff) und nahm Wechselgeld heraus, um der Nonne eine Fahrkarte zu kaufen. Aber der Schaffner weigerte sich, das Geld zu nehmen. Stattdessen lochte er für sie eine Karte, die er selbst bezahlte.

Als sie die Keksfabrik erreichten, war Mister Mukherjee, der Verwalter, sehr verlegen und in äußerst schlechter Stimmung. Jedes Jahr zu Weihnachten pflegte er Mutter Teresa 40 Dosen aussortierter, zerbrochener Kekse für die armen Kinder zu geben. Aber dieses Jahr konnte er dies nicht tun. Aufgrund von Streiks hatte die Fabrik nicht ordentlich produziert und wie konnte es in einer geschlossenen Fabrik Kekse geben? Er erklärte ihr seine Sorgen, eine nach der anderen. Zum Schluss sagte er, dass es ihm Leid täte, sie mit leeren Händen fortschicken zu müssen. Während Teresa ihn zu trösten versuchte, griff er plötzlich zum Telefon und fragte den Verkäufer: »Hast du irgendwelche zerbrochenen Kekse gesammelt, um sie Mutter Teresa zu geben?« Eigentlich hatte er eine negative Antwort erwartet.

Über die Antwort war Mister Mukherjee sehr überrascht. Mit einem breiten Lächeln sagte er: »Mutter, 40 Dosen zerbrochener Kekse sind bereits gesammelt worden, lange bevor die Streiks begannen. Ihr könnt sie haben.«

Mutter Teresa dankte ihm und sie dankte gleichzeitig auch Gott. »Sei nicht überrascht«, sagte sie dem erstaunten Mister Mukherjee, »dass der allwissende Gott auch für dieses Jahr die Ration arrangiert hat, die du mir jedes Jahr zu Weihnachten für unsere armen Kinder gibst. *Danke Gott.*«

Es gab eine Zeit, da hatten die Nonnen nicht einmal für das Allernotwendigste genügend Geld. Zur gleichen Zeit aber stieg die Zahl der Mitglieder der Gemeinschaft. Was sollten die Schwestern tun, wenn sich doch immer ein anderer Mensch fand, der Geld und Materialien noch dringender brauchte als sie selbst?

Menschen aus Indien und aus dem Ausland spendeten Mutter Teresa alles, was sie hatten, indem sie große Opfer brachten und ihre eigenen Bedürfnisse ignorierten. Kinder schickten ihr Taschengeld. Einmal weigerte sich ein Junge einige Tage lang, Süßes zu bekommen. Das Geld, das er damit sparte, wurde ihr für die Armen gespendet. An einem Tag kam sogar ein Bettler zu Teresa und gab ihr alles, was er an diesem Tage erbettelt hatte. Sie wusste, dass er an diesem Tag hungern würde, aber seine Qual wäre noch viel größer, wenn sie es nicht annehmen würde.

»Es gibt niemand auf der Welt, der sich selbst ruinierte, weil er den Armen gab, was er besaß«, pflegte sie zu sagen. »Und es gibt niemanden auf Erden, der, weil er mit Pein den Armen Almosen gab, keinen Frieden und keine Freude dafür erhalten hat.« Sie sagte aufgrund ihrer lebenslangen Erfahrung: »Und wer einem von diesen geringsten Leuten nur einen Becher frischen Wassers zu trinken reicht, weil er ein Jünger ist – wahrlich, ich sage euch: Er wird seinen Lohn nicht verlieren.« (Mt 10,42)

Eines Tages jedoch kam die Schwester, die für die Speisung der Armen verantwortlich war, frühmorgens zu Mutter Teresa und sagte: »Mutter, was sollen wir tun? Bald werden die Armen fürs Essen Schlange stehen, wir aber haben nichts, das wir ihnen geben könnten. Wie soll ich ihnen sagen, dass es für sie heute oder gar morgen nichts zu essen gibt?«

Mutter Teresa wusste keine Antwort, aber sie erinnerte sich daran, dass der Herr Jesus 5000 Menschen speiste und sie satt machte, indem er fünf Brotlaibe und zwei Fische vervielfachte. Gibt es etwas, was ihm unmöglich ist? »Wir haben an die 7000 Menschen gespeist – Kinder ausgenommen. Zeige uns den einen oder anderen Weg, mein Herr«, betete sie zu Jesus und legte all ihr Vertrauen in ihn.

Um 9 Uhr morgens erreichten Körbe voll Brot den Konvent! Zunächst wusste niemand, woher sie kamen. Aber dann erklärte einer der Korbträger, dass diese Brote dazu bestimmt waren, unter den Schulkindern verteilt zu werden. Aber, auf Entscheidung der Regierung, war ihnen befohlen worden, die Laibe den Nonnen zu bringen. Mehr als 7000 Menschen wurden davon zwei Tage lang satt und es waren immer noch etliche Körbe übrig. Immer wieder konnte Mutter Teresa mit Geschichten wie dieser aufwarten, die die wundervolle Vorsehung Gottes lebendig bezeugten.

Normalerweise gingen Mutter Teresa und ihre Schwestern betteln und lebten dann von dem, was auch immer sie sammelten. Sie wollten nichts besitzen. Wenn sie etwas benötigten, kauften sie das Günstigste. Sie wollten in demütiger Armut leben, denn das machte es für sie leichter, die Armen besser zu kennen, zu lieben und ihnen zu dienen.

Mutter Teresa bestand darauf, dass die Armen Indiens großzügiger seien als sie. An einem Tag kam jemand um Mitternacht zu ihr. Er berichtete von einer armen Hindufamilie mit acht Kindern, die in der Nähe lebte. Sie alle hungerten, denn es war schon mehrere Tage her, dass sie ein Reiskorn gegessen hatten. Sofort nahm Mutter Teresa allen Reis, den sie hatte. Es war nicht viel, gerade genug für ihr Abendbrot. Sie ging zum Haus der hungernden Familie und die Mutter nahm den Reis mit großer Freude an. Sie dankte Mutter Teresa und sie dankte Gott. Dann nahm sie die Hälfte des Reises und eilte fort. Im Weggehen sagte sie, dass sie bald zurück sei.

Als sie wieder kam, fragte Mutter Teresa sie : »Wohin bist du in solcher Eile gegangen? Was hast du getan?«

»Mutter«, sagte sie, »ich ging zu meinem nächsten Nachbarn. Sie sind Muslime. Sie haben die gleiche Anzahl Kinder wie wir. Sie haben gehungert wie wir. Also gab ich ihnen die Hälfte von dem Reis, den du mir gabst.«

In ihren lächelnden Augen konnte Mutter Teresa die Liebe Gottes funkeln sehen. In diesen Augen erfuhr sie, was unser Herr uns gelehrt hat: »Liebe deinen Nächsten wie dich selbst«. Sie erinnerte sich daran, dass einst ihre eigene geliebte Mutter den Armen auch die Hälfte des Mahls gegeben hatte, das sie gerade hatten essen wollen. »Wir können den Himmel auf die Erde bringen«, pflegte sie zu sagen, »wenn wir versuchen, solchen Menschen nachzueifern. Es gibt mehr als genug Nahrung in dieser Welt, genug zu essen für uns alle, wenn wir die Nahrung nur teilen.«

Einmal spendete ein Patient, der aufgrund einer ernsthaften Krankheit 25 Jahre lang gelähmt war, Mutter Teresa 15 Dollar. Er konnte nur seine rechte Hand bewegen, und selbst das nur mit großen Schwierigkeiten. Sein scheinbar einziger Trost war das Rauchen. Er schrieb: »Mutter, ich habe für eine Woche das Rauchen eingestellt und daher schicke ich euch nun das Geld, welches ich sonst dafür ausgegeben hätte.« 15 Dollar – nicht gerade viel, aber sie stehen für viel Selbstüberwindung und Opferbereitschaft.

Mit diesem Geld kaufte Mutter Teresa einige Brote und verteilte sie an die ganz Armen, die hungerten. Die Brote speisten und trösteten nicht nur die Hungernden, sondern trösteten und freuten auch Teresa. Geben macht so viel Freude, das glaubte sie inständig und die Freude wächst ins schier Grenzenlose, wenn sie einer großen Opferbereitschaft entspringt.

Gewöhnlich brachte sie den Schwestern nahe, wie sie mit den Armen umgehen sollten: »Seht in jedem von ihnen Jesus; berührt diesen Jesus zärtlich und andächtig, so, wie ihr Jesus im Heiligsten Sakrament anfasst; und dient diesem Jesus von ganzem Herzen und mit all euren Fähigkeiten.« Teresa ermahnte sie aber nicht nur, sondern sie zeigte es ihnen durch ihr eigenes Tun, wie mit Armen, Kranken und Gebrechlichen umzugehen war. Diese kamen manchmal in furchtbarem Zustand an, schmutzig, übersät mit Entzündungen und Geschwüren, zerfressen von Syphilis, Krebs oder Lepra. Die Nonnen wuschen sie alle, aber die schlimmsten Fälle übernahm Mutter Teresa selbst, während sie so zu Gott betete:

»Gott, unser Vater, so, wie du und dein Sohn Jesus zu Einem vereint seid, vereine uns Schwestern, damit wir eins sind; und hilf uns, in deinem Geist zu leben. So wie du uns liebst, sollen auch wir einander lieben und wir müssen diese Liebe vermitteln, lenken und weitergeben den Armen, denen wir begegnen; und dafür, lieber Gott, bitte komme und lebe in jeder Einzelnen von uns.«

Genau das, was ihre Mutter sie in ihrer Kindheit gelehrt hatte, gab sie an ihre Schwestern weiter.

»Der Nahrung gibt allem Fleisch: in Ewigkeit währt sein Erbarmen.«
(Ps 136,25)

KAPITEL 6

Gonxha heißt Rosenknospe

Im Hinterland der Nordägäis, im ehemaligen Teil Jugoslawiens, der jetzt Mazedonien ist, liegt eine kleine Stadt namens Skopje. Dort wurde am 26. August 1910 Agnes Bojaxhieu in ein gewöhnliches Heim voll außergewöhnlicher Liebe und Zuneigung hineingeboren. Sie hatte beispielhafte Eltern. Sie waren Albaner, die ursprünglich aus Prizren, einer Stadt im Kosovo, stammten. Ihre Familie waren Stadtmenschen mit einer langen Tradition als Kaufleute.

Ihr geliebter Vater, Nicolas Bojaxhieu, war eine Persönlichkeit in Skopjes öffentlichem Leben. Er war ein bekanntes Mitglied des Stadtrates, Förderer der Künste und der lokalen Kirche, ein Bauunternehmer und guter Geschäftsmann. Nicolas Bojaxhieu befand sich in Partnerschaft mit einem reichen italienischen Händler und handelte mit einer großen Vielfalt an Waren. Er reiste geschäftlich in verschiedene Teile Europas und sprach mehrere Sprachen – Albanisch, Serbokroatisch, Türkisch, Italienisch und Französisch.

Wann immer Nicolas nach Hause zurückkam, herrschte dort eine fröhliche Feierstimmung. Er machte alle Kinder glücklich, indem er ihnen Geschenke gab, Geschichten erzählte und Lieder sang. Nicolas hatte großes Interesse an der Erziehung seiner Kinder und war ein strikter Verfechter von Disziplin. Dennoch fand Agnes, dass ihr Vater stets freundlich war und großzügig den Armen gegenüber.

Ihre geliebte Mutter, Dranafile Bojaxhieu, wurde von den Kindern »Nonalok« genannt. *Nona* bedeutet Mutter und *lok* Seele. »Wann immer ich an meine Mutter denke«, sagte Mutter Teresa, »kommt mir das Wort ›heilig‹ in den Sinn, denn durch ihre Worte und Taten erschien sie uns so.«

Ihrem Vater gehörten einige Gebäude in Skopje, und sie selbst lebten in einem großen und vergleichsweise komfortablen Haus, umgeben von Obstbäumen. Obwohl Skopje in einem muslimischen Land lag, das von Kommunisten regiert wurde, war Agnes in eine katholische Familie hineingeboren, die einen tiefen Glauben und großes Vertrauen in den Allmächtigen Gott hatte. Der gnädige Gott schenkte ihren Eltern drei Kinder, die als Teil der Familie Gottes großgezogen wurden: Die Älteste, Aga, wurde 1904 geboren; ihr Bruder Lazar 1907; und Agnes, die Jüngste, im Jahr 1910.

Am Tag nach ihrer Geburt wurde sie zur Pfarrkirche »zu Ehren des Heiligsten Herzens Jesu« gebracht und auf den Namen Agnes Gonxha (»Rosenknospe«) Bojaxhieu getauft. Ihr Bruder pflegte sie Gonxha zu nennen und ihre Familie dachte, dieser Name würde sie perfekt beschreiben. Das Datum, an dem sie als Kind Gottes geboren wurde – also ihr Tauftag – war Agnes weitaus wichtiger als ihr eigentliches Geburtsdatum. Deshalb stand auch in mehreren Unterlagen einschließlich ihres Passes der 27. August 1910 als ihr Geburtsdatum.

Der liebende Umgang ihrer Mutter war die erste Schule des jungen Mädchens. Durch sie lernte sie die unvergessliche Lektion der Liebe – Gott ebenso zu lieben wie unsere Mitgeschöpfe. Sie wurde an einer von Schwestern geführten, der örtlichen Kirche gehörenden Hauptschule unterrichtet und später an einer staatlichen Schule – die nötigen religiösen Unterweisungen hatte sie, lange bevor sie die staatliche Schule aufsuchte, erhalten. Schon in jungen Jahren führte sie bereitwillig kirchliche Dienste aus und der regelmäßige Besuch in der Pfarrkirche des Heiligsten Herzens gab ihr zusätzlich Erfahrung und Anregung.

Agnes und ihre Schwester Aga hatten außerdem ein musikalisches Talent und sangen im Kirchenchor die Solostücke. Das half ihnen ebenfalls, Jesus im Heiligsten Sakrament nahe zu sein. Agnes betonte stets, dass sie ihren Eltern viel verdankte, besonders ihrer Mutter für ihre religiöse Entwicklung – beten lernen, im Kirchenchor singen und andere religiöse Tätigkeiten und Übungen, verbunden mit dem Evangelium und der Kirche.

Agnes war gerade vier Jahre alt, als der Erste Weltkrieg ausbrach. Das unermessliche Leid dieser Zeit traf Agnes' Eltern hart, aber das kleine Mädchen bemerkte die immense Tapferkeit ihrer Mutter und ihre Bereitschaft, alles freundlich zu ertragen.

Am 16. November 1916 erhielt Agnes im Sakrament der Firmung den Heiligen Geist. Zusammen mit ihm erhielt sie auch den Mut, an Gott zu glauben. Der Segen des Heiligen Geistes würde ihr helfen, jeder Schwierigkeit tapfer entgegenzutreten und zu versuchen, eine perfekte Christin zu sein.

1919 legte Gott der jungen Agnes eine Prüfung auf. Ihr Vater fuhr zu einer politischen Zusammenkunft nach Belgrad, etwa 256 Kilometer von Skopje entfernt. Als er von Zuhause wegfuhr, schien er bester Gesundheit zu sein, aber er kehrte in einem Krankentransport zusammen mit dem italienischen Konsul zurück, denn er hatte eine Blutung erlitten, und nicht einmal eine Notoperation konnte sein Leben retten. Alle seine Familienmitglieder und auch die Mediziner waren davon überzeugt, dass man ihn vergiftet hatte. Er war erst 45 Jahre alt und sein plötzlicher Tod war für seine Familie unerträglich, besonders natürlich für seine Witwe.

Als sie sich zu einem gewissen Grad wieder erholt hatte, fand sie heraus, dass der italienische Geschäftspartner ihres toten Mannes das Geschäftsvermögen veruntreut hatte und dass der Familie nichts blieb als das Dach über dem Kopf – und auch dies nur, weil ein Gesetz des Landes den Besitz sicherstellte. Zum ersten Mal erfuhren sie, was es bedeutet, ohne finanzielle Sicherheiten zu leben. Agnes war erst acht. Ihr älterer Bruder Lazar konnte mit seinen gerade 15 Jahren der Familie nicht viel helfen. Drei Kinder aufzuziehen, ihnen entsprechende Nahrung, Kleider und Erziehung zu geben, war für die Mutter keine leichte Aufgabe, aber sie legte all ihr Vertrauen in Gott, arbeitete hart und ging ihren Weg nach dem Motto: »Versuche es, versuche es, versuche es noch einmal.« Sie nähte, stickte und verkaufte Kleider, um die Familie durchzubringen.

Sie erlaubte aber nicht, dass auch nur ein einziger Tag verging, ohne dass der Familienrosenkranz gebetet wurde. »Eine Familie, die zusammen betet, bleibt zusammen«, sagte sie. Als Mutter Teresa dies gegenüber vielen anderen in späteren Jahren wiederholte, war das eigentlich das Verdienst ihrer Mutter. Sie brachte den Kindern auch bei, dass sie alles, was sie besaßen, mit denen teilen sollten, die es nicht hatten, und dass es eine große Freude bereitet, den Armen zu geben, auch wenn es ein Opfer bedeutet, und dass es unser Auftrag ist, jene zu trösten und zu pflegen, die leiden.

Sie unterwies ihre Kinder nicht nur, sondern lehrte sie auch durch ihr praktisches Vorbild. Zum Beispiel an File, einer Alkoholikerin mit Geschwüren: Diese wusch sie gewöhnlich, gab ihr zu essen und kümmerte sich um sie. Einmal pro Woche besuchte sie eine alte Frau, die von ihrer Familie verlassen worden war. Sie säuberte das Haus und gab ihr zu essen. Als die Kinder das bemerkten, sagte sie: »Kinder, wann immer ihr jemandem etwas Gutes tut, tut es still, als ob ihr einen Stein in den See werft.«

Eines Tages, als die Familie gerade essen wollte, bettelten einige arme Leute am Tor. Es war kaum genug zum Mittagessen vorhanden, aber Agnes' Mutter entschied, dass es geteilt und eine

Hälfte ans Tor gebracht und unter den Armen verteilt werden sollte. Dann begann sie, freundlich und liebevoll mit ihnen zu reden, so dass sie das wenige Essen mit großer Freude und Genugtuung aßen.

Die Mutter schaute ihre Töchter an, welche sie anstarrten, und sagte zu ihnen: »Kinder, es sind arme Leute! Wir sind keine Blutsverwandten und es sind auch keine engen Freunde. Und doch sind sie unsere Brüder und Schwestern; denn auch sie sind Kinder Gottes, unseres Vaters. Das sollten wir nie vergessen.«

Eines anderen Tages brachte Agnes' Mutter einen Korb Äpfel nach Hause. Sie rief die Kinder, die Äpfel zu begutachten. Das taten sie und stimmten überein, dass es ausgezeichnete Äpfel waren. Da tat ihre Mutter etwas Verrücktes. Sie legte einen faulen Apfel mitten unter die anderen, schloss den Korb und brachte ihn in ihr Zimmer. Nach zwei Tagen rief sie die Kinder wieder zu sich und bat sie, die Äpfel zu überprüfen. Sie stellten fest, dass alle Äpfel, die Kontakt mit dem faulen Apfel hatten, ebenfalls zu faulen begannen. Sie mussten weggeworfen werden.

Danach sagte die Mutter: »Meine Kinder, ihr seid gut, Gott sei Dank. Trotzdem werdet ihr in dem Moment, in dem ihr Kontakt mit schlechten Leuten bekommt, zu faulen beginnen wie diese Äpfel. Seid also vorsichtig, mit wem ihr euch einlasst.«

Es waren die netten Worte und erbauenden Beispiele ihrer geliebten Mutter, die den Weg für Agnes' Berufung ebneten. Während ihrer langen Witwenschaft war sie den Menschen in Skopje, die in Armut und Entbehrung lebten, ein ständiger Freund. Einschließlich Gebet und Fasten war die Mutter bei den Aktivitäten der Kirchengemeinde in vorderster Reihe und versuchte immer, den Kranken und Mittellosen von Skopje jede mögliche Hilfe und allen möglichen Trost zuteil werden zu lassen: Und sie war sehr darauf bedacht, ihre Kinder in sozialen Aktivitäten mit einzubinden. Agnes begann mit gerade einmal zwölf Jahren – gleichsam als Ergebnis des mütterlichen Tuns – im Inneren ihrer Seele eine Stimme zu hören, die flüsterte: »Verschreibe dein gesamtes Leben Jesus Christus und versuche, eine heilige Nonne zu werden.«

Als Agnes eines Tages ihrer Mutter diesen Gedanken eröffnete, erhielt sie kein positives Echo von ihr. Die Mutter nahm ihr Anliegen gar nicht ernst, in der Annahme, dass es ihrer Tochter sowohl an körperlicher als auch an seelischer Reife mangelte. Möglicherweise wollte sie auch nur die Stärke der Berufung testen – wer weiß!

Die Mutter hatte Agnes auch von frühester Kindheit eine tiefe Marienverehrung mitgegeben. Maria wusste, so erzählte die Mutter, dass sie die Mutter Gottes war, und getrieben von ihrer Menschlichkeit und ihrem tiefen Einfühlungsvermögen eilte sie sofort zu Elisabeth, der Schwester ihrer Mutter, als sie hörte, dass Elisabeth schwanger war. Agnes' Mutter sagte der Tochter immer wieder, dass sie dem Beispiel der Jungfrau Maria folgen sollte, indem sie die Armen besuche, ihnen helfe und ihre Bedürfnisse nach Linderung erkenne. Später, als Mutter Teresa, wiederholte Agnes ihren Mitschwestern die Worte ihrer Mutter: »Unsere Liebe Frau ging in Eile, weil die Nächstenliebe nicht warten konnte. Wie schön wäre es, wenn wir uns dessen immer eingedenk wären!«

Agnes trat bereits während der Schulzeit der Marianischen Kongregation bei. Pater Jambrekovic, ein kroatischer Jesuit und ihr Gemeindepfarrer, brachte sie in die Kongregation, die ihr den Weg bereitete zu ihrer kulturellen und spirituellen Entwicklung. Das junge Mädchen las gerne, und der Priester, der eine Pfarrbücherei aufbaute, versorgte Agnes mit Büchern. Außerdem beseitigte er all ihre Zweifel, besonders jene über ihre Berufung. Nach ihm war Freude der Beweis für die Richtigkeit jeglicher Bestrebung und wie ein Kompass zeigte sie immer die richtige Richtung im Leben an.

Seit 1924 wirkte eine Anzahl Jesuiten aus dem früheren Jugoslawien in der Mission in Kalkutta. In den Kongregationstreffen las Pater Jambrekovic begeisternde und geistig anregende Briefe und Berichte der Missionare aus Kalkutta vor, damit die Gemeindemitglieder die steigende Armut der Menschen in Bengalen erkennen und veranlasst werden sollten, für diese in Gottes Namen etwas Gutes zu tun. Dies inspirierte Agnes dazu, Heim und Land für Jesus zu verlassen und unter den Armen zu arbeiten.

Sechs Jahre lang beschäftigte Agnes ihre Berufung, um die sie häufig betete. Schließlich war sie überzeugt, dass sie berufen wäre, um »vollständig zu Gott zu gehören«. Zunächst wollte sie bei den Armen Afrikas arbeiten, doch rasch verspürte sie nur noch das große Verlangen zum Dienst an den Armen in Indien. Als sie 18 Jahre alt war, entschloss sie sich, ihre Heimat zu verlassen, um Missionarin zu werden. Schon damals war sie davon überzeugt, dass es ihre Berufung sei, für die Armen und unter ihnen zu arbeiten. Sie hegte nie einen Zweifel daran, denn schließlich war es der Herr, der sie dazu auserwählt hatte, diesen Lebensweg zu gehen. Dennoch fiel ihr die Entscheidung, ihre Mutter, ihren Bruder und ihre Schwester für Gott und für ein fremdes Land zu verlassen, sehr schwer.

»Danke unserer Heiligen Mutter für alles« – das hatte sie ihre eigene Mutter gelehrt, und so nutzte Agnes dieses Glaubensprinzip, indem sie vor einer Statue »Unserer Frau vom Schwarzen Berg« in Letnice kniete. Tagelang tat sie dies und jedes Mal führte ihr die Gottesmutter ihren Sohn vor Augen, die Dornenkrone tragend, und Blut tropfte aus seinen Wunden. Agnes wusste, dass ihr liebender Herr Jesus selbst seinen letzten Blutstropfen vergossen hatte, wegen seiner großen Liebe für die Menschen. Es schien, als ob seine nach Liebe dürstenden Augen sie einluden, seinen Durst zu stillen. Sie fühlte, als würden sich alle Fesseln, die sie an diese Welt gebunden hatten, von selbst lösen. Zugleich stieg eine außergewöhnliche Kraft und der Mut, alles für den Herrn Jesus zu tun, in ihr hoch. Letztlich wurde sie von der Heiligen Mutter selbst geleitet, was sie tun sollte: »Verlasse alles, was du hast, für deinen Herrn Jesus Christus. Verschreibe dich Ihm ganz, werde Nonne und diene den Armen in Bengalen.«

Dies wurde daraufhin Agnes' größter Wunsch und sie informierte die in Kalkutta arbeitenden Jesuiten. Diese wiederum stellten den Kontakt zu den Loreto-Schwestern her, die damals in Bengalen arbeiteten. Das Mutterhaus aber lag in Dublin, Irland. Um sich bei ihnen bewerben zu können, brauchte Agnes zuerst die Erlaubnis ihrer Mutter, für die jedoch eine Trennung von ihrer Tochter unvorstellbar war. Denn Agnes war für ihre Mutter mehr als eine Tochter; sie war ihre ständige Begleiterin, ihre rechte Hand. Dennoch suchte Agnes sie auf, nahm all ihren Mut zusammen, und erzählte ihr offenen Herzens alles, was sie bewegte. Ihre Mutter hörte ruhig zu und schaute dabei ihre Tochter so leidenschaftlich an, als habe sie sie noch nie zuvor gesehen. Dann ging sie in ihr Zimmer, schloss die Tür hinter sich zu und öffnete sie 24 Stunden lang nicht.

Wahrscheinlich hat sie dasselbe Patentrezept benutzt, das sie oft Agnes empfohlen hatte. Sie muss wieder und wieder vor der Heiligen Mutter geweint und den Schmerz über die Trennung von ihrem Kind mit ihren Tränen herausgeschwemmt haben. Sie muss wieder und wieder vor der Heiligen Mutter nachgedacht und meditiert haben.

Schließlich öffnete sie die Tür, kam aus ihrem Zimmer, umarmte Agnes und küsste sie mehrmals. Beide lagen sich in den Armen und weinten. Dann sagte die Mutter, indem sie ihre und Agnes' Tränen wegwischte: »Mein Kind, lege deine Hände in die Hände Unseres Herrn Jesus. Begleite Ihn bis zu deinem letzten Atemzug. Lebe nur für Gott. Unsere Heilige Mutter wird dir helfen, zu tun, was Er will.«

Lazar, Agnes' heiß geliebter Bruder, der sie stets Gonxha nannte, diente dem albanischen König Zog I. als Leutnant der Armee. Er konnte die Idee seiner Schwester, einfache Nonne zu werden, nicht verstehen und sich auch nicht damit anfreunden. Ohne sein Missfallen zu verbergen, schrieb er ihr einen Brief in einem herrischen Ton, auf den sie so antwortete:

»Du glaubst, wichtig zu sein, weil du ein Offizier bist, der einem König mit zwei Millionen Untertanen dient. Wie auch immer, ich diene dem König der gesamten Welt.«

Mutter Teresa erinnerte sich stets an den Tag ihrer Abreise vom Bahnhof in Skopje am 26. September 1928. An jenem Tag weinte sie ohne Unterlass wie ein Kleinkind vor Nonalok, ihrer geliebten Mutter, während ihre Freunde, Verwandte und Kongregationsmitglieder ebenfalls unendlich Tränen vergossen. Ihre Mutter und ihre Schwester Aga begleiteten sie bis nach Zagreb. Obwohl Agnes tief aufgewühlt war, konnte nichts an ihrer Entscheidung ändern, Jesus zu folgen.

In Zagreb warteten sie auf die Ankunft von Betika Kajnc, einem jungen Mädchen, das auch dem Loreto-Orden beitreten wollte. Als die beiden Mädchen sich endlich auf die lange Zugreise quer durch Europa machten, winkte Agnes vom Zug aus ihrer Nonalok zum letzten Mal. Sie sah ihre geliebte Mutter niemals wieder: Agnes' Mutter starb 1972 in Tirana, Albanien, ohne dass es ihr von der herzlosen kommunistischen Regierung erlaubt worden war, ihren einzigen Sohn Lazar, der auf Sizilien lebte, oder ihre geliebte Tochter Agnes, welche in Indien war, noch ein letztes Mal zu sehen.

Am 12. Oktober 1928 trat Agnes als Postulantin in die Loreto-Abtei in Rathfarnham, Dublin ein. Dort blieb sie beinahe sechs Wochen und verbrachte ihre Zeit hauptsächlich damit, Englisch zu lernen, die Sprache, in der sie ihre spirituellen Studien absolvieren musste.

Am 1. Dezember 1928 stach sie in See in Richtung Indien. Nach einer langen ungewohnten Seereise erreichte sie Bombay und von dort aus nahm sie das nächste Postboot nach Kalkutta, wo sie am 6. Januar 1929 eintraf. In Kalkutta besuchte Agnes als Erstes das Heiligste Sakrament in der St.-Thomas-Kirche neben dem Loreto-Kloster. Nachdem sie sich Jesus im Sakrament dargeboten hatte, ging Agnes in das Kloster. Dort wurde entschieden, dass sie am 10. Januar nach Darjeeling geschickt werden sollte, um dort ihr Noviziat ernsthaft zu beginnen.

Darjeeling ist eine Bergstation auf 7000 Fuß Höhe mitten im Himalaya. Der dortige Loreto-Konvent befand sich unterhalb der Spitze des Berges Kanchenjunga. Zu der Jahreszeit, als sich die junge Nonne ihm erstmals näherte, war der Berg mit reinem, weißem Schnee bedeckt. Auf Agnes wirkte er wie ein Symbol vollkommener Reinheit.

Am 23. Mai 1929, angetan mit schwarzem Schleier und schwarzem Habit, wurde Agnes formell als Novizin aufgenommen, in Gegenwart des Erzbischofs von Kalkutta, Dr. Ferdinand Perier.

Das Noviziat ist eine Zeit der Vorbereitung und Erprobung. Neben der geistlichen Formung mussten sich die Nonnen auf ihr besonderes Apostolat, das des Unterrichtens, vorbereiten und so verbrachte die junge Novizin zwei Jahre damit, Bengal und Hindi zu lernen. Als sie später gebeten wurde, an einer bengalischen Schule zu unterrichten, nannte man sie im Orden Bengali Teresa, um sie von einer anderen Loreto-Schwester, die auch Teresa hieß, zu unterscheiden.

Während ihres Noviziats erhielt Agnes den Namen »Schwester Maria Teresa«, denn die Heilige, die sie während jener Zeit am meisten beeinflusste, war die heilige Theresia von Lisieux, die

»Kleine Blume«. Als Thérèse heilig gesprochen wurde, sagte der Heilige Vater: »Sie tat nur gewöhnliche Dinge, mit außergewöhnlicher Liebe.« Die junge Schwester Teresa traf für sich die Entscheidung, exakt das Gleiche zu tun. Ihre Freundin Betika wurde »Schwester Maria Magdalena«.

Am 24. Mai 1931 legte Schwester Teresa ihre zeitlichen Gelübde auf Armut, Keuschheit und Gehorsam ab und begann, an der Loreto-Schule in Darjeeling zu unterrichten. Für kurze Zeit arbeitete sie zur Unterstützung der Krankenschwestern auch in einer kleinen medizinischen Station mit.

Eines Tages suchte ein Mann Teresa auf. Er trug ein Bündel, aus dem etwas herausragte, das wie zwei trockene Zweige aussah. Bei näherer Untersuchung erkannte Teresa, dass es die Beine eines Jungen waren, der total ausgemergelt am Rand des Todes stand. Der Mann dachte, dass die Nonnen das Kind nicht nehmen würden. Darum sagte er: »Wenn ihr ihn nicht wollt, werde ich ihn ins Gras werfen. Die Schakale werden ihn sicherlich brauchen können, nicht wahr?«

Voll des Mitleids und der Liebe nahm die junge Nonne das arme Kind, das völlig blind war, in ihre Arme und wickelte es in ihre Schürze. Ihr Herz füllte sich mit einer Freude, die sie nie zuvor erfahren hatte. Vielleicht war das die erste Belohnung, die Gott ihr dafür gab, dass sie eine Seele gerettet hatte.

Für Schwester Teresa war die Stimme ihrer Oberin die Stimme ihres Herrn Jesus und sie gehorchte mit Freuden, was immer sie auch sagen mochte. Nach ihrem Noviziat wurde sie von Darjeeling zur Loreto-Niederlassung nach Kalkutta geschickt. Dort sollte sie an der St.-Mary-Bengal-Zwischenschule Moralwissenschaft, Geschichte und Geographie unterrichten. Eine Zeit lang unterrichtete sie auch an der Hauptschule von St. Teresa.

Ihre Schülerinnen waren Mädchen, die verschiedenen Kasten und Konfessionen angehörten. Sie hatte geplant, dass ihr jede

Unterrichtsstunde zu einem gewissen Grad helfen sollte, ein gutes Leben zu führen. Mit diesem Vorsatz gründete sie unter den Mädchen eine katholische Aktionsgruppe, um Sozialarbeit leisten zu können. Sie pflegte sich selbst zu prüfen, ob sie den Ansprüchen gerecht wurde, die sie ihren Schülerinnen beibringen wollte. Denn, so ihre Begründung, wie können wir anderen etwas geben, was wir selbst nicht besitzen?

»Nemo dat quod non habet.« (Niemand kann geben, was er selbst nicht besitzt.).

Ein- oder zweimal die Woche nahm sie Mädchen aus der Schule mit, um Arme, Kranke und Verstoßene zu besuchen und ihnen jede mögliche Hilfe zu geben. Pater Henry, der Pfarrer der St.-Teresas-Kirche, war so freundlich, sie angemessen zu leiten. Schwester Teresa meinte später, dass diese Besuche erklärten, warum so viele ihrer Schülerinnen in späteren Jahren alles verließen und ihrer Gemeinschaft beitraten, um den Armen in den Slums zu dienen.

Am 24. Mai 1937 legte sie ihre ewigen Gelübde ab als ein Mitglied des Guten Glaubens der Schwestern Unserer Frau von Loreto, einer Gemeinschaft, die von Mary Ward im 17. Jahrhundert gegründet worden war. Ab diesem Zeitpunkt wurde sie »Mutter Teresa« genannt, wie es bei den Loreto-Schwestern üblich war.

Den Armen zu helfen, war im Leben von Mutter Teresa Antrieb und Wunsch zugleich. Dies hatte sich in ihrem Geist seit frühester Kindheit festgesetzt, aber sie war nicht in der Lage, es so in die Tat umzusetzen, wie sie wollte. Das Beste, was sie an diesem Punkt ihres Lebens tun konnte, war, den Kindern in ihrer Klasse besonders zu helfen, die sowohl an Reichtum als auch an Intelligenz weit unter dem Standard lagen. Jedes Mal, wenn sie das tat, belohnte sie der Allmächtige Gott mit innerem Frieden, Freude und Befriedigung.

Ihre Oberin war mit ihr als Lehrerin sehr zufrieden und machte sie daher 1944 zur Rektorin von St. Mary. Sie war bereit, ihre Dienste überall da zu verrichten, wo immer man sie einsetzte, und sie betrachtete es als gottgegebene Möglichkeit, aber dass sie Rektorin von St. Mary wurde, machte ihre Mutter nicht glücklich. Diese schrieb an Mutter Teresa aus Tirana, wo sie lebte:

»Mein liebes Kind,
vergiss nicht, dass du nach Indien gegangen bist wegen der Armen.
Erinnerst du dich noch an unsere File? Ihr Körper war total mit Geschwüren übersät. Dennoch bereitete ihr das Wissen, allein auf der Welt zu sein, mehr Pein und Leid. Wir taten für sie, was immer wir konnten. Kurz, das Schlimmste waren nicht die Geschwüre, sondern die Tatsache, dass ihre Familie sie vergessen hatte …«

Zu jener Zeit gab der gnädige Gott Mutter Teresa einen großen und talentierten geistlichen Vater. Dies war der belgische Jesuit, Pater Celeste van Exem, ein Experte in der arabischen und der Urdu-Sprache sowie dem muslimischen Glauben. Er lebte bei Baithakana in Kalkutta und arbeitete unter den Muslimen der Stadt. Mutter Teresa traf ihn am 12. Juli 1944 und bat ihn, sie als ihr geistlicher Vater zu leiten. Er aber wollte sich weder mit Nonnen beschäftigen noch wollte er Teresas geistlicher Vater sein. Nichtsdestotrotz wird das Unmögliche möglich, wenn Gott es will. Pater van Exem änderte seine Meinung und dank seiner Hilfe machte Mutter Teresas spirituelles Leben Fortschritte.

Pater van Exem machte ihr von Zeit zu Zeit Mut, den Willen Gottes zu erfüllen, indem sie ohne Angst durch die Tortur gehen sollte. Kurze Zeit später hatte Mutter Teresa Gelegenheit, diesen Mut unter Beweis zu stellen. Am 16. August 1946 brach in Kalkutta ein Aufruhr zwischen Hindus und Muslimen aus. Mutter

Teresa leitete zu dieser Zeit das Internat der Loreto-Niederlassung. Es gab keine Nahrung und die fast 300 Kinder der Schule hungerten. Es gehörte zu Mutter Teresas Pflichten, sie zu speisen. So ging sie alleine hinaus auf die Straßen Kalkuttas. Dort sah sie den Schrecken des Blutbades, in dem Hunderte getötet und Tausende verletzt worden waren. Die Truppen waren überrascht, eine einsame Loreto-Schwester zu sehen und hielten sie an. Ruhig hörten sie ihre Geschichte an und brachten sie mit einem Laster voll Reissäcken zur Schule zurück. Kurze Zeit später erhielt Mutter Teresa ihre zweite Berufung.

Nach diesem 10. September 1946, Mutter Teresas »Tag der Eingebung«, wurde sie noch mehr von Pater van Exem unterstützt und er tat dies inbesondere dann, wenn sie sich mit Aufrührern und Tumulten abmühen musste. Pater Julien Henry, der Kaplan der Pfarrei St. Teresa half ihr ebenfalls als spiritueller Ratgeber für sie und ihre Schwestern. Besonders jedoch war sie Pater van Exem für seinen steten Rat und seinen Glauben verpflichtet. Als Kanonist (Kirchenrechtler) und Theologe war er es, der die Verfassung der neuen Gemeinschaft Mutter Teresas schrieb, der Mutter Teresa sowohl die Arbeitserlaubnis des Erzbischofs von Kalkutta als auch die aus Rom verschaffte, der das Haus von Mister Gomez für die Schwestern auftat und der alles Mögliche unternahm, um das Gebäude zu kaufen, das später das so genannte Mutterhaus werden sollte.

Kurz gesagt: Er war die größte Unterstützung für Mutter Teresa. Es war sein Einfall, aufgrund dessen Mutter Teresa ihre Arbeit bei Motijhil begann. Und durch ihn kam das Haus der Wunder zustande, über das das nächste Kapitel handelt.

»Denn so sehr hat Gott die Welt geliebt, dass er seinen eingeborenen Sohn dahingegeben hat, damit jeder, der an ihn glaubt, nicht verloren gehe, sondern ewiges Leben habe.« (Jo 3,16)

KAPITEL 7

Das Haus der Wunder

A uf den Straßen Kalkuttas wirst du viele verstoßene menschliche Existenzen finden«, pflegte Mutter Teresa zu sagen,
»verlassene Eltern, verstoßene Kinder. Die meisten von ihnen sogar bewusstlos und unbeweglich, alles arme Notleidende, die keiner will. Sie leiden an Hunger, Krankheit und Mangelerschei-
nungen. Sie sterben am Straßenrand wie Insekten, die ins Feuer
geraten sind.«

In Kalkutta gibt es ein Haus, wo solche Leute aufgenommen
und liebevoll umsorgt, ja behandelt werden, als wären sie Götter,
wo sie alles erhalten, was immer sie benötigen, und über alle Maßen mit Güte, Liebe und Fürsorge versorgt werden.

In Kalkutta gibt es ein Heim, wo ein Ausgestoßener die letzten
Augenblicke seines Lebens in Glück und Frieden verbringen
kann, unabhängig davon, was ihm während seines Lebens zuge-
stoßen sein mag.

In Kalkutta gibt es ein solches Haus der Wunder, von dort
kann man sich auf den Weg zur ewigen Heimat machen mit einem friedlichen und schönen Tod. Dieser Ort heißt Nirmal Hriday und ist ein alter Gasthof in der unmittelbaren Nachbarschaft
des berühmten Kalighat-Tempels.

Eines Tages, als Mutter Teresa und ihre Schwestern immer
noch im Haus von Mister Gomez lebten, kam es dazu, dass Mutter Teresa mit Mister Gomez nach Motijhil ging. Auf dem Weg
sah sie neben dem Campbell-Hospital (heute: Nilrathan-Sarkar-

Hospital) einen sterbenden Mann. Mutter Teresa fragte ihn nach dem Grund, warum dieser arme Mann zum Sterben am Straßenrand zurückgelassen worden war. Wie sich herausstellte, nahmen die Verantwortlichen im Krankenhaus nur solche Patienten, deren Krankheiten sie auch behandeln konnten. Mutter Teresa und Mister Gomez liefen sofort zu einem Apotheker und besorgten einige Medikamente. Doch als sie zurückkamen, war der arme Mann bereits gestorben, ehe sie ihm hatten helfen können.

Mutter Teresa litt sehr darunter, dass so etwas überhaupt geschehen konnte. Sie sagte, dass mancher Hund oder manche Katze besser behandelt würden. Mutter Teresa reichte beim Commissioner der Polizei wegen dieser traurigen Sachlage Beschwerde ein.

An einem anderen Tag stolperte Mutter Teresa über ein Bündel Kleider auf demselben Gehsteig. Sie bückte sich und sah eine Frau mittleren Alters. Die Leute gingen einfach an ihr vorbei. Niemand beachtete sie oder kümmerte sich gar um sie. Mit eiternden Wunden und zerfressen von Maden lag sie wie ein Häuflein Elend dort, von allen verstoßen, von Ameisen umgeben und von Ratten angefressen. Als Mutter Teresa sie berührte, merkte sie, dass die Frau noch lebte. Sie nahm sie sofort in die Arme, hob sie hoch und brachte sie ins nahe gelegene Hospital.

Wieder geschah dasselbe: Das Krankenhaus wollte die Frau nicht aufnehmen, da es sich nicht mit ihr befassen konnte. Aber das Personal musste diesmal erstaunt feststellen, dass Mutter Teresa nicht nachgeben wollte, sondern Himmel und Hölle in Bewegung setzte, damit diese arme Frau eine Behandlung bekäme. Schließlich schmolzen die Herzen der Verantwortlichen und sie wollten die Frau aufnehmen, aber zu diesem Zeitpunkt hatte sie die Welt schon verlassen.

Wieder ging Mutter Teresa zum Polizei-Commissioner. Diesmal bat sie ihn um einen einzelnen Raum, irgendwo im Krankenhaus, wo sie sich um die Sterbenden kümmern konnte. Dieselbe Bitte trug sie auch Dr. Ahmet vor, dem Verantwortlichen für das Gesundheitswesen in Kalkutta. Beide erklärten sich bereit zu helfen, da sie den Schandfleck, der Kalkuttas Ruf besudelte, beseitigen wollten.

Dr. Ahmet führte Mutter Teresa zu dem verlassenen und schmutzigen Gasthof von Kalighat und fragte: »Wird das für die erste Zeit reichen?« Bereitwillig stimmte Mutter Teresa zu.

Die Schwestern reinigten den Platz sofort und richteten ihn für menschliche Bedürfnisse so angenehm wie möglich ein. Mutter Teresa erinnerte sich an das Unbefleckte Herz Mariens, das alle Sünder und alle Armen mit großer Güte und Liebe annimmt. Deswegen gab sie der alten Gaststätte einen neuen Namen: »Nirmal Hriday«, das heißt »Das Unbefleckte Herz«.

Am 15. August 1952 war ihr dieses Gebäude übergeben worden, allerdings nur vorübergehend. Das passte dem Polizei-Commissioner und den anderen Verantwortlichen von Kalkutta gut ins Kalkül. Bis zu jener Zeit füllten Reportagen die Zeitungen, in denen die Zustände von Kalkutta beklagt wurden, wo Tag für Tag viele starben ohne Essen, ohne eine Schulter zum Anlehnen und ohne medizinische Versorgung. Diese Reportagen wurden nun weniger und die sozial eingestellten Bürger der Stadt fühlten sich erleichtert. Nirmal Hriday wurde offiziell am 22. August eröffnet, dem Hochfest des Unbefleckten Herzens Mariens, der Patronin der Schwestern der Nächstenliebe.

Anfangs fanden Mutter Teresa und ihre Schwestern die Sterbenden, die das Krankenhaus nicht aufnehmen wollte, auf der Straße und nahmen sie mit. Die erste Person, die in Nirmal Hriday aufgenommen wurde, war eine Frau, die Pater Henry zufällig an demselben Ort gefunden hatte, wo Mutter Teresa die Frau aufgelesen hatte, die von Ratten und Maden zerfressen war. Nach und nach übernahmen Polizisten und andere Obrigkeitsvertreter dieselbe Pflicht und begannen, Bedürftige nach Nirmal Hriday zu bringen. Wenn jemand nicht im Krankenhaus aufgenommen wurde, kam er nach Nirmal Hriday.

Auch die Leute von Motijhil erfuhren von Nirmal Hriday und sammelten Geld, obwohl sie sehr arm waren, um dort die ersten beiden Feldbetten zu kaufen. Die Zahl der Ausgestoßenen, die nach Nirmal Hriday kamen, wuchs täglich, aber Gott sorgte immer für die nötigen Mittel, damit ihnen geholfen werden konnte.

Bis 1998 gab es dort zwei Stationen für Männer und Frauen, jede mit 57 Betten. Es arbeiteten auch ein Arzt von der Stadtverwaltung dort und mehr als 20 Krankenschwestern – einige waren Nonnen, andere waren Freiwillige, die für kurze Zeit aus verschiedenen Teilen Indiens oder aus dem Ausland kamen, um für die Sterbenden und Ausgestoßenen zu sorgen.

Manchmal kam es vor, dass für einen Neuankömmling in Nirmal Hriday kein Bett frei war. Da lernten die Nonnen eine neue Lektion der Liebe. Einige der alten Patienten wetteiferten ohne jeglichen Druck der Schwestern darin, ihnen ihre Großherzigkeit dadurch zu zeigen, dass sie ihre eigenen Betten für die Neuankömmlinge frei machten.

Das Aufnahmebuch beweist, dass bis jetzt mehr als 69 600 Sterbende in Nirmal Hriday aufgenommen wurden. Über die Hälfte von ihnen starb in Frieden mit Gott, demütig und im Gebet mit außergewöhnlichem Seelenfrieden. Die Schwestern, Mitarbeiter und Freiwilligen wuschen alle, fütterten sie, trösteten sie und heiterten sie auf, beteten mit ihnen und für sie und bereiteten sie dadurch auf einen glücklichen Tod vor, der sie für den Himmel bereit machen sollte.

Mutter Teresa las einmal einen Mann in der Gosse auf und brachte ihn nach Nirmal Hriday. Sein Körper war übersät mit eiternden Wunden und nässenden Geschwüren. Sie badete ihn ganz vorsichtig, reinigte seine Geschwüre, versorgte ihn medizinisch, verband ihn und fütterte ihn die ganze Zeit über liebevoll und voller Güte. Dieser Mann jammerte niemals und er hatte auch keine Angst vor dem Tod. Mutter Teresa betete für ihn und betete mit ihm um sein Seelenheil. Langsam breitete sich Hoffnung auf seinem Gesicht aus, Hoffnung, den Himmel erreichen zu können. Er lächelte sie auf wunderbare Weise an und sagte: »Mein ganzes Leben lang musste ich wie ein schmutziges Tier auf der Straße leben, aber jetzt gehe ich in meine ewige Heimat wie ein Engel.« Und innerhalb von drei Stunden starb er einen friedvollen, schönen Tod.

Mutter Teresa war immer sehr darauf bedacht, dass der Sterbende, ehe er starb, mit den Riten seines Glaubens versehen wurde. Hindus benetzte sie die Lippen mit heiligem Wasser aus dem Ganges, Muslimen wurde aus dem Koran vorgelesen und Christen erhielten die Krankensalbung. Mutter Teresa betonte immer, dass jeder in Frieden und auf eine schöne Art sterben sollte, ausgesöhnt mit seinem Glauben.

Es gab auch Patienten, die gesund wurden und sich wieder erholten. Diese wurden in ein anderes Haus verlegt, wo ihnen die Nonnen alles das gaben, was sie brauchten, um hier auf Erden ein besseres Leben führen zu können. Einmal wurde ein Junge, den Mutter Teresa nach Nirmal Hriday gebracht hatte, auf wunderbare Weise wieder gesund. Als er fast wiederhergestellt war, wollten ihn die Schwestern nach Nirmal Bhavan verlegen, aber er weigerte sich zu gehen und blieb in Nirmal Hriday. Er half den Schwestern bei ihrer Arbeit, ging auf die Schule, dann ins College, schloss gut ab und konnte sich im Lauf der Zeit sogar selbst versorgen.

Die Schutthalden von Kalkutta erregten eines Tages Mutter Teresas Aufmerksamkeit. Sie sah eine zitternde Frau, die dort hilflos lag. Mutter Teresa ging zu ihr, verjagte die Hunde, die sie beschnüffelten und nahm sie mit. Ihr Körper war vom Fieber heiß. Mutter Teresa brachte die Frau nach Nirmal Hriday und kümmerte sich um sie. Sie wusste, dass die alte Frau nicht überleben würde, deshalb versuchte sie, sie auf einen glücklichen Tod vorzubereiten. Dabei erfuhr sie die größte Qual dieser Frau. Sie hatte nur einen einzigen Sohn und genau der hatte sie auf die Müllhalde geworfen. Das konnte sie nicht ertragen. Wie soll eine Mutter das ertragen können? Das grausame Verhalten ihres eigenen Sohnes verursachte der alten Frau mehr Schmerz als das Fieber oder der Gedanke an den drohenden Tod. Wie könnte sie das je vergessen? Wie könnte sie es vergeben? Wie nur könnte sie aufhören, ihn deswegen zu verfluchen?

Mutter Teresa versuchte, sie zu trösten und sagte: »Gott ist unser guter Vater. Er schuf uns und gab uns alles, was wir haben. Doch wie viele Male haben wir gegen ihn gesündigt? Hat er uns nicht immer vergeben? Hat er uns nicht seine Güte gezeigt? Hat er uns nicht geliebt? Liebt er uns nicht, ohne uns irgendetwas nachzutragen? Hat nicht auch dich seine unendliche Liebe hierher geführt? Bitte denk eine Minute darüber nach. Auch du solltest gnädig gegen die sein, die gegen dich sündigen oder Fehler begehen. Gerade du solltest gut sein und deinem Sohn vergeben. Du solltest ihm vergeben. Du solltest zu Gott beten, dass er ihn überreich segnet. Du solltest ihn segnen, anstatt ihn zu verfluchen.«

So riet ihr Mutter Teresa und redete ihr immer wieder ins Gewissen und sie betete für sie und mit ihr. Schließlich begann das zu Stein erstarrte Herz der alten Frau weich zu werden. Indem sie über all ihre Sünden nachdachte und sie bereute, begannen sich ihre Augen mit Tränen zu füllen, die dann einem Rinnsal gleich über ihre Wangen liefen. Sie vergab im Grunde ihres Herzens ihrem grausamen Sohn. Sie lag in Mutter Teresas Armen. Langsam sah man auf ihrem Gesicht, dass sie Frieden gefunden hatte, und es begann, sich immer mehr aufzuhellen.

Dann sah sie ernst in Mutter Teresas Augen, lächelte sie mit dem wunderbarsten Lächeln, das die Nonne jemals in ihrem Leben gesehen hatte, an und sprach dann diese einfachen letzten Worte: »Ich danke dir.« Im nächsten Augenblick tauchte ihre Seele in den vollkommenen Frieden ein und ging in die ewige Glückseligkeit. Nur jemand, der seinem Feind im Grunde seines Herzens vergeben hat, kann so wunderbar lächeln wie diese Frau, ehe sie starb.

Ins Nirmal Hriday kamen manchmal arme Kreaturen, deren äußere Erscheinung allein nur Abscheu und Ekel hervorrufen konnte. Die Körper dieser armen Seelen waren teilweise halb verrottet und mit eitrigen Wunden oder Geschwüren übersät, die einen schier unerträglichen faulen Geruch von sich gaben. Wann immer das zu Mutter Teresas Zeiten geschah, betrachtete sie es als ihre persönliche Pflicht, sich um diese Menschen zu kümmern. Sie unternahm jede Anstrengung, um sie durch die Art, wie sie mit ihnen umging, zu überzeugen, dass sie sie mochte und dass sie sie annahm, wenn auch sonst keiner auf der ganzen Welt etwas mit ihnen zu schaffen haben wollte. Es war ihre erste Pflicht, die betroffene Person zu waschen, zu säubern, ihr etwas zum Anziehen zu geben und ihr die richtige Medizin zu verabreichen. Langsam begannen dann solche Menschen zu erkennen, dass es auf dieser Welt doch jemanden gab, der sie liebte, sich um sie kümmerte, sie als Kind Gottes betrachtete und der bereit war, jedes Opfer auf sich zu nehmen. Diese Menschen gelangten schließlich zu der Überzeugung, dass Mutter Teresa ihre Schwester war und dass unser Vater Gott im Himmel ist.

Durch diese Überzeugung wurde jedem Menschen der Weg geebnet und er wurde auf dem richtigen Pfad zum Himmel geführt. Mutter Teresa wählte immer den richtigen Zeitpunkt, um ihm Folgendes zu sagen: »Wir alle sind Kinder Gottes«, und sie fügte dann noch erklärend hinzu: »Hier auf dieser Welt sind wir nur

Wanderer, Gott ist unser Vater und der Himmel ist unsere ewige Heimat. Dort werden wir eines Tages ankommen und unsere Reise auf dieser Welt vollenden. Dann werden wir frei von Schmerz und Elend sein und wir werden die ewige Glückseligkeit genießen.«

Wenn einer ihrer Patienten im Sterben lag, setzte sich Mutter Teresa zu ihm, tätschelte dem Sterbenden sanft den Arm und nahm seine Hand in ihre Hände, betete mit ihm und für ihn und sagte zu ihm: »Du wirst bald sterben und bald vor Gott stehen. Gott wird dein Richter sein und dir entweder den Himmel oder die Hölle geben. Deshalb musst du mit Gott, deinem Richter, Freundschaft schließen und du musst ihn um Vergebung all deiner Sünden und Fehler bitten, die du in deinem Leben begangen hast. Gott ist unser Vater, er ist gut, gnädig und voller Liebe. Deshalb hat er dich hierher geführt. Gott wird dir Vergebung schenken, wenn du deine Sünden wirklich bedauerst und wenn du mit echter Reue ihn um Vergebung bittest, auch wenn du der größte Sünder bist. Jetzt bete zu Gott mit den Gebeten deiner Religion. Ich werde ebenso Gebete sprechen, die ich kenne, damit du in den Himmel kommst, wenn du stirbst.«

Wenn sie in diesem Moment bei dem Sterbenden klare Anzeichen einer Liebe zu Gott erkennen konnte, betete sie zusammen mit ihm. Manchmal flossen Tränen der Reue. Das Leuchten einer neuen Vereinigung mit Gott erschien manchmal auf dem Gesicht der Sterbenden, eine unerklärliche Ruhe und Zufriedenheit, die der Sterbende niemals zuvor erfahren hatte, breitete sich in seinem Gemüt aus und er oder sie starb sanft in unvorstellbarem Frieden und Freude.

Unter gewissen Umständen der menschlichen Existenz sind Abscheu, Abneigung, Ekel und Zurückweisung verständlich. Einmal kam eine Novizin aus Mutter Teresas Konvent in die Wäscherei bei Nirmal Hriday. Sie warf nur einen kurzen Blick hinein und lief danach eiligst davon, während sie sich vor Abscheu vor dem, was sie dort gesehen hatte, übergeben musste. Aber Mutter Teresa gab dieser Schwester keine Schuld. Sie war der Kongregation mit dem festen Vorsatz beigetreten, für Jesus alles zu tun und jegliches Leid in Kauf zu nehmen. Also krempelte sie ihre Ärmel hoch, holte einen Schrubber und einen Eimer Wasser und reinigte die Wäscherei, während die junge Novizin erstaunt zusah.

Sie näherte sich Mutter Teresa und wollte sich vielleicht entschuldigen. Doch noch ehe sie den Mund aufmachen konnte, versicherte ihr Mutter Teresa: »Das macht nichts, Schwester, mach dir keine Sorgen. Es ist ganz natürlich, dass wir uns fühlen, als müssten wir uns übergeben, wenn wir solche Dinge sehen, obwohl wir bereit sind, für Jesus alles zu tun. Mach dir keine Sorgen.«

Taten sagen oft mehr als Worte – das war ihre Philosophie. Was das Herz der Novizin mehr als die Worte des Trostes gerührt hatte, war Mutter Teresas schnelles und beherztes Handeln. Im Familienleben ist es genauso: Kinder erinnern sich nicht an die wundervolle Ermahnung ihrer Eltern, aber daran, wenn ihnen die Eltern ein nachahmenswertes Beispiel gaben. Später wurde die Novizin Oberin in einem von Mutter Teresas Klöstern und sie war immer bereit, jede schmutzige Arbeit anzunehmen, die andere mit Abscheu von sich weisen würden.

Es ist schwierig und ermüdend, sich um verstoßene Menschen zu kümmern, die man von der Straße und aus dem Rinnstein aufgelesen hat, vor allem dann, wenn der Ansturm der Hilfesuchenden groß ist. Aber Mutter Teresa hatte immer viele Freiwillige aus verschiedenen Teilen Indiens, aus England, Amerika und Deutschland, die nach Kalkutta kamen, um ihr bei ihrer Arbeit zu helfen. Sie kamen und blieben auf eigene Kosten für Monate, um die selbstlose Arbeit in Nirmal Hriday tun zu können.

»Und wenn ich die Prophetengabe habe und alle Geheimnisse weiß und alle Erkenntnis besitze und wenn ich allen Glauben habe, so dass ich Berge zu versetzen vermöchte, habe aber die Liebe nicht, so bin ich nichts.« (I Kor 13,2)

KAPITEL 8

Feindseligkeit unter Brüdern

Es gab einige Hindu-Brüder, die das Wirken von Mutter Teresa in Nirmal Hriday unmöglich fanden und es nicht hinnehmen wollten. Eine Gruppe von ihnen traf sich heimlich, machte ihrem Unmut darüber Luft und schmiedete Pläne für ihr weiteres Vorgehen. Sie argumentierte folgendermaßen: Der Kalighat ist ein sehr bekannter Hindu-Tempel, an dem es 400 brahmanische Priester gibt. Er ist eine bedeutende Pilgerstätte, weil dort der heilige Fluss Ganges auf den Hugli-Fluss trifft. Täglich versammeln sich unzählige Gläubige, nicht nur um ihren Babys Namen zu geben, sondern auch, um die Körper ihrer Toten zu verbrennen und um Kali anzubeten, die Göttin des Todes und der Fruchtbarkeit. Es gibt eine Gaststätte, die einst an den Tempel angeschlossen und die eigentlich einmal für Hindu-Pilger gedacht war. Wie konnte sie dann einer Christin übergeben werden, die daraus ein Armenhospiz machte?

Ein Mann ging sogar noch weiter. Er behauptete, dass in Nirmal Hriday Hindus zum Christentum bekehrt würden und man diese Absicht mit der Lüge vertuschen wollte, dass in Nirmal Hriday nur aus Liebe für alle Mitgeschöpfe gehandelt würde. Der Mann sah sich auch dadurch bestätigt, dass angeblich alle Verstorbenen ein christliches Begräbnis erhielten. Es sei offensichtlich, dass die Hauptperson dieses Unternehmens, nämlich Mutter Teresa, verjagt, Nirmal Hriday zerstört werden und die Gaststätte wieder zum Kalighat-Tempel gehören müsse.

Einige junge Hindus stimmten begeistert zu, weil sie die Wahrheit nicht kannten, und so kam es, dass eines Tages Nirmal Hriday umzingelt wurde. Die Hindus riefen Parolen gegen die Schwestern, warfen mit Steinen auf das Gebäude und begannen, die armen Insassen zu ängstigen, indem sie den Besitz zerstörten. Schließlich ging Mutter Teresa nach draußen, um den Hindu-Brüdern von Angesicht zu Angesicht gegenüberzustehen. Jesus war mit ihr, sagte sie danach, und sie sagte den Hindus klar, aber in einem demütigen Ton: »Wenn ihr wollt, könnt ihr mich töten, ich werde dann in den Himmel eingehen. Aber bitte hört auf, meine armen Patienten zu ängstigen. Ihr werdet euch bestimmt nicht um sie kümmern, oder? Sie sind aber eure Mitmenschen. Erlaubt ihnen wenigstens, in Frieden zu sterben.«

Die jungen Leute sahen und hörten sie. Sie waren gute junge Leute, daher griffen sie die demütige Nonne nicht an. Stattdessen beruhigten sie sich, zumindest eine Zeit lang. Ein paar Tage später kamen sie erneut, lungerten um den Ort herum und erwarteten, dass Mutter Teresa abgeführt werden würde. Ein Parteiführer hatte ihnen versprochen, dass er sie heute aus Nirmal Hriday entfernen würde.

Bald trafen der Polizei-Commissioner und ein Verwaltungsbeamter der Stadt in Nirmal Hriday ein, um nachzuschauen, was dort vor sich ging. Sie ließen sich nicht eskortieren, aber wanderten auf dem ganzen Platz umher, beobachteten alles ganz genau wie hungrige Aasgeier. Es war so, als hätte man ihre Ohren durch böses Gerede vergiftet.

Als sie eintrafen, war Mutter Teresa gerade dabei, vorsichtig mit einer medizinischen Zange Maden aus den nässenden Wunden eines sterbenden Armen zu entfernen. Dabei tröstete sie ihn mit liebevollen und einfühlsamen Worten. Sie sprach: »Bitte, sprich ein beliebiges Gebet aus deiner Religion, ich werde ein Gebet sprechen, das ich kenne. Beide Gebete werden Gott, unserem liebenden Vater, gefallen.« Die Beamten beobachteten das und hörten zu. Auch die anderen Schwestern gingen von Bett zu Bett, halfen und trösteten Männer und Frauen und verbreiteten dabei überall Frieden und Freude. Einige Schwestern brachten warmes Wasser, um die Patienten zu baden, andere reinigten Patienten, die ihre Kleidung und Betten mit ihren eigenen Fäkalien oder Erbrochenem beschmutzt hatten. Ein paar Schwestern wuschen die schmutzige Wäsche der Patienten, während andere ihnen saubere Sachen anzogen. Andere Schwestern fütterten Patienten mit der Art Nahrung, die sie vertragen konnten, sie fütterten sie mit einem Löffel oder mit ihren eigenen Händen, andere wuschen und versorgten Geschwüre und Wunden. Wieder andere Schwestern verabreichten Medikamente oder rieben die Hände oder Füße der Patienten, die vor Schmerzen stöhnten, oder gaben sterbenden Hindus einen Schluck heiliges Gangeswasser und bereiteten sie auf einen glücklichen Tod vor.

Während der stundenlangen Untersuchung sahen die Prüfer, dass die Schwestern jedem verstoßenen und ungeliebten Armen mit einer solchen Liebe und Fürsorge dienten, als wollten sie ausrufen: »Du bist mein und ich liebe dich, auch wenn dich sonst keiner auf der Welt liebt.«

Sie konnten sehen, dass all diese ungewollten und verstoßenen menschlichen Existenzen eine derartige Aufmerksamkeit und Zuneigung erhielten, die sie sonst nirgendwo bekommen hätten.

Als sie das begriffen, änderten sie ihre Meinung. Sie kamen aus Nirmal Hriday heraus, riefen die Jugendlichen zusammen und einer von ihnen sagte: »Ich habe eurem Anführer versprochen, dass ich diese Frau von diesem Platz entfernen werde – und das werde ich tun. Aber ehe ich das tun kann, müsst ihr eure Mütter und Schwestern hierher bringen, damit sie die Arbeit tun, die diese Nonnen verrichten. Könnt ihr das tun?«

Als er keine Antwort erhielt, fuhr er fort: »Nein? Dann hört gut zu: Im Tempel haben wir eine Devi, eine in Stein gehauene Gottheit; aber hier haben wir auch eine Devi, eine lebende Gottheit, versteht ihr das?«

Als die jungen Leute das hörten, trollte sich einer nach dem anderen, genauso wie damals die Schriftgelehrten und Pharisäer, als sie eine Frau vor Jesus führten, die Ehebruch begangen hatte und gesteinigt werden sollte. Als sie aber von Jesus hörten: »Wer von euch ohne Sünde ist, werfe den ersten Stein« (Jo 8,7), hatten sie keine andere Möglichkeit, als den Platz zu verlassen. Ähnlich verließen die jungen Leute, die eigentlich gekommen waren, um die Nonnen wie hungrige Wölfe zu verschlingen, den Platz.

Eines Tages bemerkte Mutter Teresa eine große Menschenmenge vor dem Tempel, die etwas oder jemanden umringte. Niemand aus der Gruppe traute sich aber, näher heranzugehen. Mutter Teresa ging zur Menge, bahnte sich einen Weg hindurch und fand weder eine giftige Schlange noch ein anderes gefährliches Tier, sondern einen verstoßenen armen Menschen. Er war dünn, alt und krank. Anhand der weißen Schärpe, die er trug, konnte sie sehen, dass er Brahmane war. Und dann erkannte sie ihn. Er war einer der Poojaries (Priester), der sich in Worten und Taten immer als einer ihrer ärgsten persönlichen Feinde aufgespielt hatte – viele Poojaries konnten den Anblick von Mutter Teresa nicht ertragen. Der arme Mann war fast unter seinen eigenen Fäkalien und seinem Erbrochenen begraben. Offensichtlich hatte er Cholera, eine ansteckende Krankheit, die sich wie Steppenfeuer verbreitet und das Leben innerhalb weniger Stunden dahinrafft. Die Leute, die um ihn herumstanden, hatten Angst, sich mit der gefährlichen Krankheit, anzustecken, und so hielten sie sich im Hintergrund und taten nichts, außer ihr Mitgefühl zu bezeugen.

Mutter Teresa sah in ihm ihren geliebten Bräutigam Jesus Christus. Sofort stürmte sie durch die Menschenmenge, nahm ihn in ihre Arme und brachte ihn nach Nirmal Hriday, wusch ihn, zog ihm saubere Kleidung an, gab ihm etwas zu trinken und Medizin. Langsam begann sein bleiches Gesicht wieder aufzublühen. Er lächelte freundlich und bezeugte wiederholt seine tiefe Dankbarkeit. Dann beteten sie einige Zeit zusammen.

Er nannte ihr seinen letzten Wunsch. Sie erfüllte ihn und brachte ihm ein wenig Wasser vom heiligen Ganges, um seinen letzten Durst zu stillen. Dann starb er – sein Kopf lag auf ihrem Schoß. Ein schöner Tod! Mutter Teresa bereitete seinen Körper für die Verbrennung am Ufer des Ganges vor, wie es bei den Hindu Sitte ist. Einige Poojaries des Tempels, die gewöhnlich voller Verachtung und Misstrauen auf sie herabsahen, waren durch diesen Vorfall tief berührt. Sie begannen sich sogar zu fragen, ob Mutter Teresa die Reinkarnation von Kali war, weil der Mann, um den sie sich in den letzten Momenten seines Lebens so liebevoll und zärtlich gekümmert hatte, ein großer Anhänger dieser Göttin gewesen war.

Trotzdem konnten einige Ratsmitglieder der Stadtverwaltung Kalkuttas ihre Arbeit in Nirmal Hriday aus religiösen Gründen nicht hinnehmen. Sie schickten dem Bürgermeister eine schriftliche Klage:

>»Der Kalighat-Bezirk ist gedacht für die Pilger zum Tempel der Göttin Kali, augenblicklich wird er aber auch von Mutter Teresa und anderen Christen dazu benutzt, um arme Leute zum Sterben dorthin zu bringen. Dies kann aus religiösen Gründen der Hindu-Tradition nicht gestattet werden, weil diese Leute definitiv unseren heiligen Ort entweihen.
>
> Deshalb müssen sie von dort sofort entfernt werden und der Ort von Mutter Teresas Wirken muss wieder dem Kalighat-Tempel angefügt werden, nachdem eine Reinigungszeremonie durchgeführt wurde.«

Mutter Teresa wurde berichtet, dass sich einige Ratsmitglieder vehement in der Versammlung für sie einsetzen würden, sobald man auf ihren Fall zu sprechen käme. Andernfalls gäbe es keine Alternative, außer Nirmal Hriday zu verlassen, das ihr schließlich nur provisorisch überlassen worden war.

Aber Mutter Teresa war deswegen nicht niedergeschlagen. Sie setzte all ihr Vertrauen in Gott und in das Unbefleckte Herz Mariens und betete Tag und Nacht. Als die Versammlung tagte, waren die anderen Tagesordnungspunkte so schwierig, dass nur zwei Ratsmitglieder, die gegen Mutter Teresa und ihre Arbeit in Nirmal Hriday waren, übrig waren, als ihr Fall diskutiert wurde. Die Einwände der Räte wurden pflichtschuldig zur Kenntnis genommen und dann vergessen. Ein drittes Ratsmitglied schlug noch eine letzte Alternative vor: »Lasst Mutter Teresa in Nirmal Hriday ihre Arbeit doch so lange fortsetzen, bis wir einen passenden Platz gefunden haben, wo sie sich um die Not leidenden Sterbenden kümmern kann.«

Niemand aber bot einen anderen Platz an und so blieb alles zunächst, wie es war. Bald darauf wurde den Schwestern aber nicht nur gestattet, in Nirmal Hriday ihre Arbeit fortzuführen, sondern die Stadtverwaltung unterstützte das »Kalighat-Heim für Sterbende« mit einem monatlichen Zuschuss, der so lange gezahlt wurde, bis sich Mutter Teresa weigerte, ihn anzunehmen.

Einmal wurde ein anderer Poojari, der ein großer Anhänger der Göttin Kali war, Opfer der Schwindsucht. Er hatte stets gegen Mutter Teresa Gift und Galle gespuckt und ihr alle möglichen Probleme bereitet. Nun litt er an blutigem Erbrechen, nachdem er mehrmals am Tag schon blutigen Husten gehabt hatte. Der arme Mann litt entsetzlich und war ein Mitleid erregender Kranker geworden. Kein Krankenhaus wollte ihn aufnehmen, da er kaum Überlebenschancen hatte. Schließlich verstießen ihn sogar seine eigenen Verwandten und seine Poojari-Mitbrüder. Er schämte sich, zu Mutter Teresa zu gehen, weil er so schlecht zu ihr und den Schwestern gewesen war. Außerdem hatte er Angst, dass er jetzt von ihnen bemitleidet würde. Trotzdem fanden sie ihn, nahmen ihn mit offenen Armen auf, brachten ihn nach Nirmal Hriday und kümmerten sich um ihn, als wäre er ein zweiter Jesus.

Glücklicherweise hatten sie ein paar neue und sehr wirkungsvolle Medikamente gegen Tuberkulose bekommen und der Mann begann zu genesen. Nach und nach wurde das wilde Feuer seiner Scham- und Zorngefühle gelöscht durch den reinigenden Regen der Liebe, der Sorge und des Mitleids der Schwestern. Mutter Teresa betete jeden Tag für ihn und tat für ihn, was immer sie konnte. Sie sagte: »Wenn der starke Wind der Gnade Gottes weht, verschwinden auch die dunklen Wolken in seiner Seele.« Täglich verbesserte sich sein Zustand und nach ein paar Wochen ging es ihm gut genug, um nach Hause zu gehen. Er nahm noch die notwendigen Medikamente von den Schwestern mit und wurde zum ständigen Gesprächsthema unter den Poojaries des Kalighat-Tempels.

Die Tage vergingen. Eines Morgens, als Mutter Teresa gerade einige Patienten wusch, betrat genau dieser Mann die Krankenstation. Er kam ohne ein Wort geradewegs auf sie zu, warf sich vor ihr auf den Boden, berührte ihre Füße mit beiden Händen und legte sie auf seinen Kopf. Dann stand er auf und sagte: »40 Jahre lang habe ich der Göttin Kali in ihrem Tempel gedient. Jetzt steht die Gottheit in ihrer Fleisch gewordenen menschlichen Form vor mir. Es ist ein besonderes Privileg, heute die Mutter, die gegenwärtig ist vor meinen Augen, anzubeten.« Und er hörte nicht auf Mutter Teresas Ablehnung oder ihren starken Einspruch!

Später fand sie heraus, warum einige der Hindu-Brüder, die sie wirklich sehr hassten, nicht mehr mit Gewalt versuchten, sie aus Nirmal Hriday zu vertreiben. Sie glaubten mittlerweile tatsächlich, dass sie die Inkarnation ihrer Göttin Kali sei. Dieser blinde Glaube, wie fehlgeleitet er auch sein mochte, brachte ihr große Erleichterung von ihren Widersachern. Mutter Teresa folgerte: »Wenn wir unsere Feinde lieben, werden sie irgendwann einmal zu unseren Freunden.«

Eines Tages kam ein Mann namens Malcolm Muggeridge auf Mutter Teresa zu, weil er für die BBC einen Dokumentarfilm über ihre Arbeit drehen wollte. Mutter Teresa war von diesem Vorhaben überhaupt nicht begeistert. Kurz darauf schrieb ihr Kardinal Heenan einen Brief, um sie zu überreden.

Mutter Teresa antwortete wie folgt: »Wenn dieses Fernsehprogramm den Leuten helfen wird, Gott mehr zu lieben, dann werden wir das machen, aber nur unter der Bedingung: Auch die Brüder und Schwestern müssen in dem Film vorkommen, denn sie tun hier genauso ihre Arbeit.«

Malcolm Muggeridge und seine Crew stimmten dieser Bedingung zu und Mutter Teresa meinte lakonisch: »Na, dann lasst uns die Gelegenheit nutzen, etwas Wunderbares für Gott zu tun.« Mit einem Lächeln begannen sie mit den Dreharbeiten. Natürlich gehörte auch ein Besuch des Nirmal Hriday zum Programm des Fernsehteams. Doch kaum waren sie eingetreten, sagte jemand mit enttäuschter Stimme: »Hier zu filmen ist unmöglich. Alles ist viel zu dunkel. Es gibt nur ein paar Fenster und die sind zu hoch in den Wänden. Wir haben nur wenig Licht und sehr wenig Zeit. Es wird sehr schwierig, so kurzfristig für ausreichende Beleuchtung zu sorgen. Nein, wir können hier ganz gewiss nicht filmen in der kurzen Zeit.«

»Warum sollen wir es nicht zumindest versuchen?«, fragte Malcolm Muggeridge.

»Es wäre eine reine Verschwendung von Filmmaterial«, antwortete sein bester Kameramann Ken, »aber wenn Sie darauf bestehen ...«

Ken machte ein paar Aufnahmen im dämmrigen Licht von Nirmal Hriday, dann gingen alle nach draußen, um Patienten aufzunehmen, die dort im vollen Sonnenlicht saßen. Als der Film dann entwickelt wurde, sahen Ken und Malcolm zu ihrer großen Überraschung, dass die Filmaufnahmen im schummrigen Licht viel besser waren als die im Sonnenlicht. Das war etwas, was Wissenschaft und Technologie nicht erklären konnten, und in der Tat erwies sich auch später mancher Film, den Ken unter ähnlichen Lichtverhältnissen aufnahm, als wertlos.

War es ein Wunder? Vielleicht – und sicher war das Team der BBC nicht das einzige, dessen Bilder aus Nirmal Hriday später perfekt waren.

Malcolm Muggeridges Erklärung lautete wie folgt: »Nirmal Hriday fließt über vor Liebe. Diese Liebe leuchtet wie die Heiligenscheine, die Künstler rund um die Köpfe von Heiligen sichtbar machen. Das ist der Grund, warum der Film, der in Nirmal Hriday in schummrigem Licht gedreht wurde, später klar und hell war.«

Mutter Teresa fand diese Erklärung sehr überzeugend, weil für sie Liebe Licht war und dieses Licht sowohl den Gebenden als auch den Empfänger erleuchtet: »Auch die Dunkelheit deines Herzens verschwindet, sobald du aufrichtige Liebe gegen deine Mitgeschöpfe zeigst.«

Es war Malcolm Muggeridge, der Mutter Teresa und ihre Arbeit unter den Armen der ganzen Welt durch seine Sendung »Etwas Wunderschönes für Gott« näher brachte – er schrieb auch ein Buch mit demselben Titel. Ferner wurde er ein eifriger Förderer ihrer Arbeit und ermutigte viele, für die Armen Gutes zu tun und Gott in jedem von ihnen zu erkennen.

Es war nur natürlich, dass Malcolm als ein gebildeter, intelligenter und wohlbekannter Nicht-Katholik gewisse Zweifel an der katholischen Kirche und an der Eucharistie hatte, die gerade

Mutter Teresa immer genug Energie und Begeisterung gab, um das tun zu können, was sie tat. Sie erinnerte Malcolm wiederholt, dass Jesus am Kreuz gestorben war und seinen letzten Tropfen Blut vergossen hatte, um auch ihn zu retten. Einmal schrieb sie ihm folgende Worte:

>Ich bin sicher, dass Sie alles auf wunderbare Weise verstehen würden, wenn Sie nur zu einem kleinen Kind in Gottes Händen würden. Ihre Sehnsucht nach Gott ist so tief, und doch verbirgt er sich vor Ihnen. Er muss sich wohl dazu zwingen, da er Sie so sehr liebt, dass er Jesus hingegeben hat, der für mich und Sie starb. Christus sehnt sich danach, Ihnen Speise zu sein. Obwohl Sie von lebendigem Brot umgeben sind, erlauben Sie sich selbst zu verhungern.
Die persönliche Liebe, die Christus für Sie hat, ist unendlich, die kleinen Probleme, die Sie mit der Kirche haben sind endlich. Lassen Sie das Unendliche das Endliche besiegen. Christus hat Sie geschaffen, weil er Sie wollte.«

Als Malcolm in Kalkutta war, hatte sie ihm erzählt, dass ihr das eucharistische Mahl jeden Morgen den Antrieb gab. »Ohne das würde ich straucheln und von meinem Weg abkommen«, sagte sie zu ihm. »Wie könnte ich mich von einer solchen spirituellen Nahrung abwenden?« Tatsächlich brachten ihn ihre demütige Arbeit, ihre Fragen und Gebete zum Nachdenken und einmal fragte er sie: »Mal ehrlich: Du hättest es doch gerne, wenn ich Katholik würde, du betest sogar dafür, hab ich Recht?« Sie antwortete: »Wenn du etwas wirklich Gutes besitzt, möchtest du es mit deinen Freunden teilen. Ich denke, dass Christus das Beste auf der ganzen Welt ist, und ich hätte gerne, dass ihn alle so kennen und lieben, wie ich es tue. Trotzdem ist der Glaube an Christus auch ein Geschenk Gottes, das er denjenigen gibt, die er gern hat.«

Gott gab aber auch Malcolm und seiner Frau Kitty dieses wertvolle Geschenk, so dass beide mit 80 Jahren zum katholischen Glauben konvertierten. Aber obwohl sich Mutter Teresa darüber freute, versuchte sie niemals, jemanden zum katholischen Glauben zu drängen. Glaube sei ein reines Geschenk Gottes, betonte sie immer.

Im Jahr 1989 besuchte sie Malcolm in seinem Haus in England und gratulierte ihm. Zu diesem Zeitpunkt wusste er noch nicht, dass er schon sehr bald darauf die ewige Heimat erreichen würde, um seine Auszeichnung von Gott zu erhalten.

»Jahwe wird sein den Bedrängten ein Hort, rettende Zuflucht in Tagen der Not.« (Ps 9,10)

KAPITEL 9

Beten für ein neues Zuhause

Im Oktober 1950, am Fest des Heiligen Rosenkranzes, verlas Pater van Exem in Anwesenheit des Erzbischofs Perier, der gerade die Messe in der kleinen Kapelle der Kongregation hielt, eine Botschaft aus Rom. Rom billigte nicht nur die Kongregation der Missionarinnen der Nächstenliebe, sondern bestätigte auch noch den Gründungszweck.

Von diesem Tag an kamen Kandidatinnen aus allen Teilen Indiens und aus der ganzen Welt nach Kalkutta, um in den Glaubensbund einzutreten. Mutter Teresa und ihre Schwestern sangen die Loblieder, um Gott zu danken, und besonders Mutter Teresa stimmte in den Psalm mit ein: »All mein Vertrauen setze ich auf dich, mein Herr. All meine Hoffnung liegt in deiner Gnade.«

Bis zum Oktober 1952 zählte der Schwesternbund der »Missionarinnen der Nächstenliebe« 24 Mitglieder und fünf weitere hatten um Aufnahme gebeten. Der zweite Stock von Mister Gomez' Haus in der Creek Lane 14 war bereits voll, so dass Mutter Teresa auch noch das Rückgebäude dazunahm. Die Zahl der Mitglieder war aber schließlich so angestiegen, dass ein neuer Ort dringend notwendig wurde. Sie fürchtete, dass es unmöglich war, einen solchen zu bekommen, und der Gedanke daran stach sie wie ein großer Dorn unter lieblichen Rosen.

Genau wie sich Kinder an den Rockzipfel ihrer Mutter hängen und bitten, dass sie ihnen die Sterne vom Himmel holt, hängte sich Mutter Teresa an den Mantel Unserer Heiligen Mutter und sie war hartnäckig. Sie rezitierte das Memorare (Bittgebet an Maria) 85 000-mal und sagte, sie würde nicht eher damit aufhören, bis ihr die Heilige Mutter eine passende Unterkunft für ihre Kinder gegeben hätte. Unsere Heilige Mutter muss Pater van Exem und Pater Henry zugeredet haben, ihren Wunsch in Betracht zu ziehen, weil Mutter Teresa schnell herausfand, dass beide Patres auf ihren alten Fahrrädern umherkurvten, um in und um Kalkutta ein neues Haus für sie zu suchen.

Mutter Teresa betonte in ihrem Leben stets, dass die Heilige Mutter immer wieder wunderbar eingriff, wenn eine Notlage eingetreten war. So geschahen die Wunder, die für Mutter Teresa ähnlich groß waren wie jenes, das damals in Kanaa geschah.

Eines Tages kam ein Fremder in die Creek Lane 14 und informierte Mutter Teresa, dass, wenn sie ein Haus bräuchte, es eines in der Circular Road 54A gäbe. Es gehöre einem Dr. Islam, der es gerne loswerden wolle. Wenn sie mitkäme, sagte er weiter, würde er ihr das Haus zeigen und ihr den Besitzer vorstellen. Schwester Agnes stand neben ihr und sagte: »Mutter, warum gehen wir nicht mit und sehen es uns an? Es ist ganz in der Nähe und ich denke, es ist eine von Gott gegebene Chance. Sollen wir mitkommen?«

Und so folgten Mutter Teresa und Schwester Agnes dem Fremden und erreichten das Haus des Arztes. Es war ein fantastisches Gebäude, wie sie es sich nicht einmal in ihren Träumen vorzustellen gewagt hatten.

Als Mutter Teresa Dr. Islam traf, erklärte sie ihm den Grund ihres Besuchs. Er zuckte zurück und sagte sichtlich überrascht, dass er nur seiner Frau und sonst wirklich niemandem davon berichtet hätte, seinen Besitz in Kalkutta zu verkaufen und in seine Heimat Pakistan zurückzukehren. Er wunderte sich, wie die Schwestern davon erfahren hatten. Sie sagten, dass dieser Mann ihnen die Neuigkeit berichtet hatte und sie hierher gebracht hatte, und sie wandten sich zu dem Fremden um, mit dem sie gekommen waren. Aber er war verschwunden.

Das beunruhigte Dr. Islam aber nicht. Er betrachtete vielmehr die Schwestern und hörte mit Interesse, wer sie waren und was sie machten. Dann sagte er, das Herz erfüllt von Mitleid und Mitgefühl: »Es ist wahr, dass wir in dieser Welt Geld brauchen, aber Geld allein ist nicht alles.« Diesen Worten entnahmen die Schwestern, dass er nur ihnen das Gebäude verkaufen würde, wenn er es überhaupt verkaufen würde. Das Haus war für die Gemeinschaft sehr geeignet, es hatte ein Zimmer für das Gebet, eines für die spirituellen Übungen und man konnte darin behaglich leben.

Sofort wurde Pater van Exem unterrichtet und er eilte auf der Stelle zu Dr. Islam, besichtigte das Haus und stellte fest, dass es der am besten geeignete Platz für die Missionarinnen der Nächstenliebe sei. Nach ein paar Minuten waren schon die ersten Preisverhandlungen im Gange. Trotzdem schien Dr. Islam unter unausgesprochenem Druck und einer inneren Anspannung zu stehen und er sagte: »Vater, bitte kommen Sie herein und nehmen Sie bitte für eine Minute Platz. Lassen Sie mich zum Masjid von Moulana Ali gehen. Lassen Sie mich mit Allah Zwiesprache halten. Ich werde Sie nicht lange warten lassen und bald wieder zurück sein.«

Als er wieder zurückkam, strahlte er und seine Seele war angefüllt von dieser wichtigen Entscheidung. Er erklärte sich dazu bereit, den Schwestern sein Land und sein Haus für ein und ein viertel Lakh (125 000 Rupien) zu verkaufen. Im nächsten Moment rief er den Namen Gottes an und sagte: »Es war Allah, der mir dieses Haus gab, und an Allah werde ich es wieder zurückgeben.«

Mutter Teresa und ihre Schwestern lobten und dankten dem Allwissenden Gott wieder und wieder. Obwohl 125 000 Rupien ein sehr günstiger Preis für das Haus waren, war es für sie immer noch eine große Summe und sie fragten sich, wo sie sie hernehmen sollten. Sie hatten bislang ein Leben in Armut geführt und alles, was sie an Spenden erhalten hatten, verteilten sie jeden Tag unter den Armen. Sie hatten keinen einzigen Cent Erspartes. Wie hatten sie auch nur davon träumen können, je so ein Gebäude zu besitzen? Aber dennoch, so sah es zumindest Mutter Teresa, holte die Heilige Mutter ihren Kindern die Sterne vom Himmel.

Mutter Teresa sprach bei Erzbischof Perier vor. Nachdem er sich mit Pater van Exem und anderen beraten hatte, gab er ihr ein Darlehen über die gesamte Summe, ohne zu fragen, wann sie es denn zurückzahlen könnte. Bis 1963, also innerhalb von gut zehn Jahren, hatten Mutter Teresa und ihre Kongregation den gesamten Betrag zurückgezahlt, indem sie jedes Jahr eine kleinere oder größere Summe zahlten. Das war ein weiteres Wunder. Und es erinnerte Mutter Teresa an die Bergpredigt: »Was sorgt und grämt ihr euch um das Morgen, euer Vater weiß, was ihr braucht. Wenn er die Spatzen nährt, wird er dann nicht euch um so mehr alle guten Dinge geben, wenn ihr ihn darum bittet?«

Im Februar 1953 bezogen die 27 Schwestern der Kongregation ihr neues Haus, das ihnen die göttliche Vorsehung freundlicherweise gegeben hatte. Es war weniger als 20 Minuten zu Fuß vom Haus des Mister Gomez und 15 Minuten Fußmarsch von St. Teresa entfernt, wo sie ihre erste Apotheke eröffnet hatten. Nur Gott allein konnte ihnen ein so geeignetes und wunderschönes Haus geben. Sie hatten das Gefühl, ihm dafür nicht genügend danken zu können.

»Alle Gläubiggewordenen aber hatten alles miteinander gemeinsam. Sie verkauften ihren Besitz, ihre Habe und verteilten sie an alle, je nachdem einer bedürftig war. Täglich weilten sie einmütig im Tempel, brachen reihum in den Häusern das Brot und nahmen

Speise zu sich in Fröhlichkeit und Schlichtheit des Herzens. Sie priesen Gott und waren beim ganzen Volk beliebt. Der Herr aber tat täglich solche, die gerettet wurden, hinzu.« (Apg 2,44ff.)

Am 15. März 1953 schrieb Mutter Teresa einem ihrer Freunde:

»Wir haben unseren Konvent schließlich erreicht ...
Der Gedanke, dass du Sorgen und Schmerzen mit heiterem Herzen erduldest und unablässig Gott für mich bittest, verschafft mir sowohl riesige Erleichterung als auch neuen Mut.
Die ersten zehn Kandidatinnen werden ihre Ausbildung am 12. April abgeschlossen haben. Sie werden für ein Jahr ein Gelübde ablegen. An diesem Tag werde ich meine ewigen Gelübde ablegen ...«

Das fantastische Haus in der Circular Road 54A, das Dr. Islam Gott zur Verfügung gestellt hatte, wurde das Mutterhaus der Kongregation.

Für normale Menschen war es unvorstellbar, ja ein unglaubliches Wunder, dass hochgebildete und tatendurstige junge Frauen, die Ärztinnen, Krankenschwestern, Rechtsanwältinnen und Lehrerinnen waren, diesem Orden der Missionarinnen der Nächstenliebe beitraten, wo ihnen beigebracht wurde, wie die Armen zu leben, mit den Armen zu leben, für die Armen zu leben und in jedem Bedürftigen Jesus zu sehen und ihm zu dienen.

Was ihnen während und nach ihrer Ausbildung abverlangt wurde, war ziemlich schwer. Sie mussten der modernen Technik und allen Annehmlichkeiten, die sie mit sich bringt, entsagen. Sie durften derartige Dinge nicht gebrauchen, auch dann nicht, wenn sie ihnen angeboten wurden. Der Grund: Die Armen haben solche Dinge auch nicht. Sie müssen nicht nur selbst arm sein, sondern müssen zudem auch noch glücklich sein, während sie den Armen dienen, die ernsthaft krank und benachteiligt sind, die verlassen und ungeliebt sterben. Die Arbeit, die sie immer mit Vergnügen tun müssen, ist eine, die andere gewöhnlich voller Hass, Abneigung und Ekel meiden.

Ihre Aufgabe ist, Jesus zu finden, nicht nur in der Krippe, sondern auch inmitten einer Menge, der man sich nicht nähern kann, ohne sich gelegentlich die Nase zuzuhalten.

Sie müssen ihn finden in dem elenden Kranken, der von aller Welt verlassen ist.

Sie müssen ihn finden in einem entstellten und missgebildeten Leprakranken, der eiternde Lippen, Augen, Nase, Finger und Füße hat.

Sie müssen ihn finden in dem Tuberkulosepatienten, der am Straßenrand stirbt, der sich krümmt und Blut spuckt.

Sie müssen ihn finden in den Aidskranken, von denen sich die Leute abwenden voller Furcht, Abscheu, ja sogar Hass.

Sie müssen ihn finden in den unglücklichen Kindern Gottes, die nach einem Tropfen Liebe dürsten und die unendlich unter Armut, Krankheit, Bedrückung, Niedergeschlagenheit und unter allen anderen Qualen leiden.

Sie müssen ihn finden in den verstoßenen Sterbenden, die zumindest in den letzten Augenblicken ihres Lebens um ein klein wenig Zuwendung flehen.

Sie müssen ihn finden in den armen Babys, die vom Moment ihrer Geburt an geschlagen sind, die oft von ihren eigenen Müttern auf den Straßen, im Rinnstein oder in Müllhalden ausgesetzt werden und Straßenkötern, Ratten und Maden überlassen werden.

In all diesen Geschöpfen sehen die Missionarinnen der Nächstenliebe ihren geliebten Jesus. Sie behandeln jeden wie Jesus, im Gedenken an seine Worte im Matthäusevangelium: »Das habt ihr mir getan.«

Mutter Teresa glaubte fest daran, dass Leid der Schlüssel zum Erfolg ist. Die Missionarinnen der Nächstenliebe haben Gemeinschaft mit den Leidenden und von diesen gibt es viele Menschen auf der ganzen Welt. Sie akzeptieren ihren körperlichen und geistigen Schmerz und bringen ihn Gott dar für die Ziele der Missionarinnen der Nächstenliebe und sie beten für sie. So fing alles an.

Im Jahr 1948, als die junge Mutter Teresa gerade eine medizinische Ausbildung im Missions-Krankenhaus in Patna erhielt, suchte eines Tages eine junge Belgierin mit Namen Jacqueline nach ihr. Als die junge Frau sie schließlich fand, begann es bereits dunkel zu werden, und Teresa war kniend im Gebet in der Kapelle versunken. Sie wurden Freunde und jeder vervollständigte das Leben des anderen. Die junge Frau hatte dieselben Ziele und Ideale wie Mutter Teresa – Gott in den Armen zu sehen und Gott aus ganzem Herzen zu lieben und zu dienen.

Jacqueline hatte an der großen katholischen Universität von Löwen studiert. Ihr Spezialgebiet war die Soziologie und sie hatte zudem das Diplom als Krankenschwester und für Erste-Hilfe-Rettung gemacht. Seit sie 17 war, verspürte sie den Ruf, den Armen von Indien zu dienen. In Madras hatte sie dann unter den Armen gearbeitet.

Nach einer gewissen Zeit bat Mutter Teresa: »Jacqueline, würdest du bitte mit mir nach Kalkutta kommen? Wenn es dir nichts ausmacht, könnten wir da zusammenarbeiten?«

Jacqueline stimmte freudig und gerne zu, aber zuvor musste sie noch einmal nach Belgien, um sich einer Behandlung zu unterziehen. Denn sie litt an starken Rückenschmerzen und es war abzusehen, dass sie eine Operation am Rückenmark benötigte. Mutter Teresa hatte geplant, im darauf folgenden Dezember nach Kalkutta zu gehen, die Armen in den Slums zu treffen, um herauszufinden, was sie für diese tun konnte. Jacqueline versprach Mutter

Teresa, dass sie sie in Kalkutta unterstützen würde, sobald sie von ihrem Rückenleiden genesen war.

Diese Freundin von Mutter Teresa hieß mit vollem Namen Jacqueline De Decker. Sie stammte aus einer reichen belgischen Familie und kehrte nie mehr nach Indien zurück. Wie sich herausstellte, war ihre Erkrankung ernster, als sie befürchtet hatte, und sie musste sich einer ganzen Anzahl von Operationen unterziehen, um nicht vollständig gelähmt zu werden. Die Operationen aber halfen ihr nicht und so konnte sie nicht mehr reisen und auch nicht mit Mutter Teresa zusammentreffen. Jacqueline konnte sich nach den Operationen kaum bewegen. Sie hatte um den Nacken einen verstärkten Kragen, Eisenteile schnürten ihren Körper ein und ohne Krücken war sie komplett verloren. Sie brauchte all diese Dinge, um überhaupt aufstehen zu können, und sie litt unter beträchtlichen Schmerzen.

1952 schrieb ihr Mutter Teresa einen Brief:

»Körperlich magst du zwar in Belgien sein, aber im Herzen bist du in Indien ...

Ich brauche viele Leute, die leiden und zu uns dazustoßen, denn ich möchte

1. eine glorreiche Gemeinschaft im Himmel
2. eine Gemeinschaft der Leidenden auf Erden und
3. eine kämpferische Gemeinschaft der Schwestern auf dem Schlachtfeld.

Du musst glücklich sein, denn du wurdest vom Herrn auserwählt, der dich so liebt, dass er dich Anteil an seinem Leiden nehmen lässt. Sei tapfer und fröhlich und bete viel, damit wir viele Seelen zu Gott bringen. Wenn du einmal in Berührung mit ihren Seelen kommst, wächst der Durst täglich ...«

Sie schrieb ihr nochmals im Januar 1953:

»Mein liebes Kind Jacqueline,

ich bin sehr glücklich darüber, dass du den leidenden Mitgliedern der Schwestern der Nächstenliebe beitreten möchtest – du verstehst, was ich meine –, du und andere, die noch teilnehmen, werden in all unsere Gebete mit einstimmen, in unsere Arbeit und was auch immer wir für die Seelen tun. Durch dein Gebet und deine Leiden tust du dasselbe für uns. Du siehst, das Ziel unserer Gemeinschaft ist es, den Durst Jesu nach der Liebe der Seelen am Kreuz zu stillen, indem wir für die Heilung und Heiligung der Armen in den Slums arbeiten. Wer könnte das besser machen als du und all die anderen, die so leiden wie du?

Dein Leiden und dein Gebet werden der Kelch sein, in den wir, die arbeitenden Mitglieder, die Liebe der Seelen eingießen werden, die wir um uns herum erblicken …

Um Seinen Durst zu stillen, müssen wir den Kelch haben. Du und all die anderen Männer, Frauen, Kinder – alt und jung, reich und arm – sind alle willkommen, einen Kelch zu bilden.

In Wahrheit kannst du auf deinem Bett der Schmerzen weit mehr bewirken als ich, die ich auf meinen Füßen herumlaufe, aber du und ich zusammen können alle Dinge tun für Ihn, der mir Stärke verleiht …

Durch die totale Hingabe an Gott, liebendes Vertrauen und vollständige Fröhlichkeit, durch diese Dinge wirst du eine Missionarin der Nächstenliebe.

Jeder ist natürlich willkommen, aber ich möchte vor allem die Gelähmten, die Verkrüppelten, die unheilbar Kranken als Mitglieder … jede wird als eine Schwester, die betet, leidet, und in Gedanken dabei ist wie ein zweites Ich, angenommen. Ich danke Gott, dass er mir dich als mein zweites Selbst gegeben hat.«

Bis heute gibt es überall auf der Welt unzählige unheilbar Kranke, die schreckliche Schmerzen leiden, und jeder von ihnen wird von einer Schwester angenommen. Die Schwester betet besonders für diesen Kranken und tröstet ihn oder sie. Der- oder diejenige nimmt im Gegenzug sein Leiden und seine Schwierigkeiten an und bietet sie Gott für sein Wohlwollen gegenüber der Arbeit der Kongregation dar. Mit Hilfe von Briefen teilen die Kranken und die Schwestern ihre Gedanken und Schwierigkeiten und behandeln den anderen als zweites Ich, wie es Jacqueline und Mutter Teresa taten. 1955 gab es 48 Missionarinnen der Nächstenliebe und 48 Patienten, die auf diese Weise zusammen beteten.

Am 9. Januar 1956 schrieb Mutter Teresa an einen ihrer Freunde, der auch Mitglied dieser Gemeinschaft war, und teilte ihm mit, dass 1955 ein sehr ertragreiches Jahr gewesen war.

>1114 Kinder gehen auf unsere Schulen, 1416 sind Studenten in unseren Sonntagsschulen. Wir haben 48 313 Patienten behandelt und haben 1546 Sterbende betreut. Das beweist, dass du nicht vergebens leidest, du hast gleichen Anteil an unserem Erfolg. Das Leiden unserer Freunde bewirkt, dass wir in unseren Anstrengungen Erfolg haben. *Danke Gott.*«

Am 25. März 1969 erkannte der Vatikan diese Gruppe der »Mitarbeiter im Leiden« an. Von diesem Tag an begann auch Jacqueline als internationale Verbindungsstelle zwischen den kranken, bedrückten, niedergeschlagenen und leidenden Mitmenschen zu arbeiten. Sie war es, die die schwierige Aufgabe übernahm, jede leidende Person einer bestimmten Missionarin der Nächstenliebe zuzuordnen. So wie in dem Brief an Jacqueline drückte Mutter Teresa ihre Nachrichten an diese leidenden Mitarbeiter aus:

»Die Missionarinnen der Nächstenliebe sind denjenigen so dankbar, die für unsere Arbeit leiden. So vervollständigen wir jeder den anderen, und das ist von Christus so gewollt. Was haben wir für eine wunderschöne Berufung, die wir die Überbringer der Liebe Christi in die Slums sind. Ein Leben voller Opfer ist der Kelch – oder unsere Gelübde sind der Kelch, euer Leiden und unsere Arbeit sind der Wein – ein makelloser Trank. Wir stehen zusammen und halten denselben Kelch und stillen zusammen mit den ihn anbetenden Engeln seinen brennenden Durst nach Seelen.

Meine lieben Kinder, lasst uns Jesus mit unserem ganzen Herzen und aus ganzer Seele lieben. Lasst ihm uns viele Seelen bringen.

Lächelt, lächelt Jesus in eurem Schmerz zu; um eine wahre Missionarin der Nächstenliebe zu sein, müsst ihr ein fröhliches Opfer sein. Es gibt nichts Besonderes für euch zu tun, als Jesus zu erlauben, sein Leben in euch zu leben, als anzunehmen, was auch immer er gibt, und mit einem großen Lächeln zu geben, was auch immer er nimmt.«

Ihren Schwestern sagte sie immer, dass die Nachfolge Christi untrennbar ist vom Kreuz auf dem Kalvarienberg. Unsere Arbeit wäre ohne Leid nichts anderes als Sozialarbeit, zwar sehr gut und nützlich, aber es wäre nicht die Arbeit von Jesus Christus.

»Dein Walten, Jahwe, erfüllt mich mit Wonne, über das Werk deiner Hände frohlocke ich.« (Ps 92,5)

KAPITEL 10

Wie die Schwestern leben

Malcolm Muggeridge fragte einmal: »Mutter, woher empfangen eure Schwestern die Berufung oder die Hinführung, eurem Konvent beizutreten und diese Pflichten ohne Zögern, Zurückhaltung oder Bedauern zu erledigen?«

Sie antwortete: »Natürlich vom Himmel, von der heiligsten Eucharistie, die wir täglich zu uns nehmen, vom lebendigen und liebenden Christus und von ihren Gebeten.«

Nur ein paar junge Männer und Frauen erhalten die Gunst Gottes zu so einer Berufung, aber Mutter Teresa glaubte, dass diejenigen die Glücklichen sind, die zum Dienst an ihren Mitgeschöpfen bereit sind und die in jedem von ihnen Jesus sehen. Und sie war froh, diese dann mit offenen Armen als Missionare der Nächstenliebe aufnehmen zu können. Sie versprach auf Erden nichts Materielles, nur Frieden und Glückseligkeit, aber ohne zu zögern versprach sie ewige Glückseligkeit im Himmel. Ihre Richtlinie waren immer die Worte unseres Herrn aus dem Matthäusevangelium, Kapitel 25.

Ein anderer Vers, den sie oft zitierte, stammte aus dem Lukasevangelium (6,38): »*Gebt, so wird euch gegeben werden. Ein gutes, zusammengedrücktes, gerütteltes Maß wird man euch geben; denn mit dem Maße, womit ihr messet, wird euch wieder gemessen werden.*«

Um Missionarin der Nächstenliebe werden zu können, muss ein junger Mensch psychisch und physisch völlig gesund sein, muss bereit sein, sich weiterzubilden und zu lernen, und muss eine gute Auffassungsgabe und ein fröhliches Gemüt haben. Mutter Teresa war der Ansicht, dass ein fröhlicher Bruder oder Schwester für die Gemeinschaft wie Sonnenschein sei. Liebe hat normalerweise Freude zur Folge. Freude ist ein Bedürfnis und eine Macht. Darüber hinaus verleiht sie uns die Bereitschaft, Gutes zu tun.

Einmal rief sie eine Novizin zurück, die gerade nach Nirmal Hriday gehen wollte. Mutter Teresa hatte festgestellt, dass im Herzen der Novizin die Freude oder das fröhliche Gemüt, mit dem die Schwestern den unglücklichen und elenden Sterbenden dienen sollten, noch nicht ganz erwacht war. Das zeigte sich an ihrem angeschwollenen und ärgerlichen Gesicht. Mutter Teresa sagte zu ihr: »Kind, es scheint dir heute nicht gut zu gehen. Bitte gehe zurück und mache eine Pause.« Ihre Begründung für ihr Tun war, dass sich die Heilige Mutter Maria, wohl wissend, dass sie die Mutter Jesu, des Fleisch gewordenen Gottes, war, niemals beklagte, als sie nach Ägypten fliehen mussten, um Gottes Kind vor dem Schwert des Königs Herodes zu schützen. So erklärte sie dies:

> »Du musst immer glücklich sein, Jesus dienen zu dürfen, denn nicht du hast unseren Herrn erwählt, sondern er hat dich auserkoren. Wenn diese Überzeugung fest in deinem Herzen verwurzelt ist, wenn du bereit bist, Jesu Nachfolge anzutreten, indem du dein Kreuz auf dich nimmst, und wenn du auf die liebliche Stimme unseres Herrn hörst, werden alle Hindernisse und alle Mängel verschwinden, so wie Nebelschleier, wenn die Sonne im Zenit steht, und Freude wird in dein Herz eindringen und es total erfüllen. *Danke Gott.*«

Die Regeln der Schwesternkongregation waren ursprünglich von Mutter Teresa selbst verfasst worden, aber Pater van Exem, ihr spiritueller Leiter, der nicht nur Theologe war, sondern sich auch im Kirchenrecht sehr gut auskannte, korrigierte und verbesserte sie.

»Die aber auf Jahwe hoffen, schöpfen neue Kraft, empfangen Schwingen gleich dem Adler. Sie laufen und werden nicht müde, sie gehen und werden nicht matt.« (Jes, 40,31)

»Ich dürste.« Dieser Satz Jesu klingt die ganze Zeit in den Ohren der Gläubigen. Das erste und vordringlichste Ziel der Gemeinschaft ist, ihr Bestes zu versuchen, um Gottes unendlichen Durst nach Liebe zu stillen. Sie erreichen dieses Ziel, indem sie hinausgehen und diese Armen, Verlassenen und Kranken, Durstigen finden, die sich nach einem Tropfen Liebe verzehren. Die Nonnen finden ihren geliebten Jesus in diesen Leuten und sorgen für ihn aus ganzem Herzen, in Übereinstimmung mit den Lehren Jesu.

Die Kandidatinnen werden auf diesen Zweck hin geschult, motiviert und der Geist der reinen Liebe wird ihnen von ihrer Novizenmeisterin gelehrt. Mutter Teresa war die erste Novizenmeisterin und sie übernahm zu Anfang dieses Training, ehe sie ein paar Jahre später diese Aufgabe an Schwester Agnes übertrug.

Die Ausbildung erfolgt in zwei bis drei Stufen. Zuerst muss jede Kandidatin freiwillig kommen und sich alles anschauen, um Kenntnis aus erster Hand zu erhalten, bevor sie sich schließlich entscheidet, in die Kongregation einzutreten. Hat sie sich entschlossen einzutreten, wird sie Aspirantin für ein Jahr (in den frühen Tagen der Kongregation waren es nur 6 Monate). Während dieser Zeit wird die Echtheit der Berufung der Kandidatinnen geprüft, ob sie wirklich Mitglied der Gemeinschaft werden wollen.

Diese Zeit dient auch dazu, dass die Kandidatin selbst herausfindet, ob sie wirklich das Verlangen hat, den Armen zu dienen, in Armut zu leben und in jedem, den sie betreuen, Jesus zu sehen. Mangelt es an wahrer Hingabe, darf und soll die Kandidatin nicht weitermachen. Während dieser Zeit erwirbt die Kandidatin auch Englischkenntnisse, die Sprache der Kongregation. Da sie von unterschiedlichsten Orten kommen, haben sie auch unterschiedliche Muttersprachen.

Im zweiten Jahr werden die Aspirantinnen zu Postulantinnen. Sie erhalten nicht nur die Ausbildung, um den Armen, Kranken und den Sterbenden zu dienen, sondern sie beginnen auch, die Grundlagen des spirituellen Lebens zu erlernen.

Danach durchlaufen sie zwei Jahre lang das Noviziat, in dem sie intensiv in Theologie, Kirchengeschichte, der Bibel und anderen heiligen Büchern geschult werden. Auch erwerben sie ein angemessenes Wissen über die Regeln ihrer Gesellschaft und werden in der Verfassung der Gemeinschaft geschult. Darüber hinaus müssen sie sich voll bewusst sein über die Tragweite des Gelübdes, das sie ablegen werden, und sie müssen die dazu notwendige Reife durch Erfahrung erwerben und sich darüber klar werden, wie sich das Gelübde auf sie auswirken wird.

Das Gelübde der Armut ist in Mutter Teresas Orden sehr streng, weil die Ordensleute selbst arm sein müssen, um die Armen zu kennen und zu lieben.

Wer niemals hungrig war, wird nie fähig sein, den Hunger des Armen zu verstehen. Deshalb müssen die Missionarinnen der Nächstenliebe ihre Armut wie eine Mutter lieben.

Mutter Teresa betont, dass das Gelübde der Armut allen Schwestern und Brüdern Freiheit gibt. Es befreit sie von Selbstsucht. Das ist der Grund, warum sie fähig sind zu lachen, und das ist der Grund, warum sie fähig sind, für Jesus ein reines Herz voller Freude zu bewahren.

Das Gelübde der Keuschheit bedeutet, dass sie freiwillig ihre Herzen vollständig Jesus hingeben. Es vereint die Schwestern vollständig mit Jesus, ihm geben sie sich hin und er erlaubt ihnen, seinen Durst zu stillen, indem sie ihn anschauen und ihm dienen inmitten der Ärmsten der Armen.

Durch das Gelöbnis des Gehorsams geben sie sich selbst auf, um in allem Gottes Willen zu tun. Da gibt es keinerlei Chancen für Empfindlichkeiten oder Sperenzchen, Vorlieben oder Abneigungen von jemandem. Tatsächlich sind alle anderen Gelübde dem des Gehorsams untergeordnet. Der Gehorsam muss, so sieht es die Verfassung des Ordens vor, in seinen Motiven außergewöhnlich, in seiner Ausdehnung universell und in seiner Durchführung vollständig sein.

Aus ganzem Herzen und freiem Willen den Armen zu dienen ist ein spezielles Gelübde, das andere Kongregationen nicht kennen und das die Mitglieder der Missionarinnen der Nächstenliebe auf eine besondere Weise verbindet. Dieses Gelübde bedeutet auch, dass sie kein Geld für ihre Arbeit annehmen und deshalb nicht für die Reichen arbeiten dürfen.

Eine Nonne stellte einst in Bangalore, als einige Schwestern verschiedener Kongregationen dort zusammengekommen waren, die Frage, ob dieser freie Dienst an den Armen, wie ihn Mutter Teresa tat, nicht mehr Schaden als Gutes bewirken würde. Mutter Teresa antwortete:

»Ist es nicht Gott, der uns die Gaben, über die wir heute verfügen, gegeben hat? Hat er uns damit irgendeinen Schaden zugefügt? Nein! Was ist also daran falsch, Gaben weiterzugeben, die wir als Geschenk empfangen haben? Zu was ermahnt uns unser Herr Jesus Christus? Wenn du zwei Hemden hast, sollst du eines jemandem geben, der keines hat. Und darüber hinaus, hat er in dieser Welt nicht allen ein Hundertfaches dessen gegeben, was sie den Armen weitergegeben haben? Das ist es, was ich in meinem Leben erfahren habe.«

Wenn sie ihr Noviziat vollendet hat, legt jede Kandidatin die ersten zeitlichen Gelübde ab und beginnt, wie eine richtige Missionarin der Nächstenliebe zu arbeiten, wo auch immer sie hingeschickt wird. Trotzdem ist sie die ersten fünf Jahre noch Jungschwester. Im fünften Jahr unterzieht sie sich einer speziellen Form der Ausbildung, die als »Tertiat« bekannt ist. Während der fünf Jahre erneuert sie jedes Jahr ihre Gelübde, die sie abgelegt hat. Ehe sie jedoch gegen Ende des fünften Jahres die ewigen Gelübde ablegt, wird sie nach Hause geschickt, um zumindest für drei Wochen bei ihrer Familie zu bleiben. Wenn es jemanden in der Gemeinschaft gibt, der sich damit nicht glücklich fühlt, das Leben und die Arbeit als Missionarin der Nächstenliebe fortzusetzen, kann daheim bleiben und braucht nicht zurückzukehren. Dieser kleine Urlaub ermöglicht es allen, sich selbst zu fragen, ob sie für die endgültige Entscheidung bereit sind, ob sie den Weg weitergehen sollen, sich um die Armen zu kümmern, allen weltlichen Genüssen zu entsagen und jeden Komfort aufzugeben. Weiterhin soll dieser Urlaub sie daran erinnern, dass sie Tage außergewöhnlicher Selbstaufgabe, totaler Hingabe, extremer Armut und harter Arbeit erleben werden. Die meisten von ihnen kommen nach dieser kurzen Unterbrechung zurück für den Dienst an Jesus, wie es zum Beispiel Subhashini tat, oft sogar mit mehr Begeisterung als je zuvor.

Ehrliche Nächstenliebe, die wahrer Liebe entspringt, ist das Gütezeichen, der Qualitätsstempel der Missionarin der Nächstenliebe. Mutter Teresa pflegte ihren Schwestern zu sagen: »Die Worte unseres Herrn Jesus gelten auch heute noch: Was du einem meiner geringsten Brüder getan hast, das hast du mir getan.« Sie glaubte ganz fest daran, dass wir im Grunde unseren Herrn Jesus lieben und ihm dienen, wenn wir den Armen helfen und sie lieben. Und auch glaubte sie, dass das, was wir für die Armen erleiden, auch immer für unseren liebenden Herrn Jesus ist.

Eines Tages stieß Mutter Teresa für eine Kandidatin, die gerade ihre Ausbildung auf dem College abgeschlossen hatte, die Tür zum religiösen Leben auf. Mutter Teresa hatte sie früh an diesem Morgen mit einer anderen Schwester zum Nirmal Hriday im Kalighat-Bezirk geschickt. Nach drei Stunden kehrte sie von dort zurück:

»Was hast du gemacht?«, fragte Mutter Teresa.

Sie antwortete: »Als ich Nirmal Hriday erreichte, brachte jemand einen ausgemergelten Mann, der entsetzlich stank und hässliche nässende Wunden überall am Körper hatte. Er war irgendwo im Rinnstein gefunden worden. Ich akzeptierte ihn voller Liebe und Respekt, kümmerte mich um ihn und umsorgte ihn mit großer Sorgfalt. Ich wusch und reinigte die Wunden dieses armen Bruders und verband sie vorsichtig, dann trug ich mit großer Liebe und Zärtlichkeit Medizin auf. Das dauerte drei Stunden lang. Danach blickte er mich an und schenkte mir ein wunderbares Lächeln, das sich selbst jetzt noch in meiner Seele widerspiegelt. Ich bin sicher, es war unser Herr Jesus Christus selbst.«

Diese junge Kandidatin war von den Worten unseres Herrn: »Ich war krank und ihr habt mich besucht.« (Mt 25,36) vollständig überzeugt.

Die meisten Kandidatinnen, die den Missionarinnen der Nächstenliebe beitraten, kamen aus Familien, in denen sie niemals eine so schwierige Arbeit ausüben mussten. Sie waren nichts Vergleichbares gewöhnt. Wenn sie zu Mutter Teresa kamen, nahm diese gewöhnlich die rechte Hand der jungen Frauen in ihre eigene, öffnete ihre fünf Finger und faltete sie einen nach dem anderen, während sie die folgenden fünf Worte sagte: »Das hast du mir getan.«

Die Kandidatin und die Nonne wiederholten diese fünf Worte zusammen und lächelten zusammen, da es die Worte Jesu sind (Mt 25,40). Das sind die Worte, die eine riesige Freude in die hintersten Winkel unseres Herzens bringen, wenn wir uns um unsere geringsten Brüder und Schwestern kümmern – die Kranken, Verlassenen und elend Sterbenden.

Mutter Teresa sagte, dass diese fünf Worte wie Tabletten wären, die uns dazu stimulieren, unseren Herrn Jesus in diesem geringsten Menschen zu sehen und ihm oder ihr mit gleicher Liebe und gleichem Respekt zu dienen. Sie sind das Allheilmittel, das unsere Abneigung, die sehr schmutzigen Hilfsbedürftigen zu berühren, sie zu reinigen und ihnen zu dienen, gänzlich verschwinden lässt.

Während des Noviziats geht jede Kandidatin mit einer Missionarin der Nächstenliebe »bona fide« (in gutem Glauben) in die Slums und dient den Armen. Sie werden in die Verhältnisse der Armen gezogen, überbringen das Licht der Liebe und füttern sie mit süßem Honig der Barmherzigkeit. Außerdem beginnen die Schwestern, die noch nie Armut erleiden mussten, diese Erfahrung im Namen Jesu zu machen. Viele finden schnell heraus, dass es eine riesige Freude ist, für Jesus zu leiden. Diese Freude macht die Schwestern immer fröhlich und glücklich.

Einst stellte Malcolm Muggeridge Mutter Teresa eine entscheidende Frage: »Du verlangst von diesen Mädchen, die aus guten und reichen Familien stammen, wie die Ärmsten der Armen zu leben und all ihre Zeit, Kraft und ihr Leben in den Dienst am Armen zu stellen. Verlangst du da nicht etwas viel?«

»Naja, genau das ist es aber, was sie geben möchten«, antwortete Mutter Teresa. »Sie wollen Gott alles geben. Sie wissen genau, dass sie all das dem hungrigen Christus, dem nackten Christus und dem heimatlosen Christus geben. Diese Überzeugung und diese Liebe ist es, die sie all das gerne geben lässt. Deshalb sind unsere Schwestern immer glücklich, wie du siehst. Sie sind nicht gezwungen, glücklich zu sein, sie sind es ganz von allein, weil sie gefunden haben, wonach sie gesucht haben.«

Und doch ist dieses Leben wirklich hart. Die Schwestern stehen jeden Morgen um 4.40 Uhr auf und beten: »Lasst uns Gott danken und um seinen Segen bitten.« Dann machen sie sich so schnell wie möglich fertig und kommen um 5 Uhr vor das heiligste Sakrament in die Kapelle, wo sie bis 6 Uhr in tiefes Gebet und Meditation versinken. Dann feiern sie die heilige Messe, die Quelle ihrer Stärke und Energie ist. Der Besuch der heiligen Messe und der Empfang der heiligen Eucharistie auf eine so wertvolle Weise macht es ihnen leicht, Jesus zu finden in den Armen, denen sie dienen werden. Es hilft ihnen ebenso, Jesus zu lieben und ihm während aller Opfer und Selbstverzichtsübungen zu dienen, und es gestaltet ihr Leben sinnvoll und freudenreich. Während sie die heilige Kommunion empfangen, hören sie die lieblichen Worte unseres Herrn: »Komm näher und stille meinen Durst.«

Gleichzeitig erhalten sie genug Energie, um genau das zu tun, was er will. Denn es gibt eine kraftvolle Quelle, die niemals nachlässt, ihnen Ermutigung, Inspiration und Motivation zu geben, die sie für ihre Einsätze brauchen. Diese Quelle ist das Gebet, besonders das wunderschöne Gebet des heiligen Franz von Assisi, das sie andächtig und hingebungsvoll jeden Tag nach der heiligen Messe rezitieren.

»Lieber Gott,
mache uns fähig, unseren Mitmenschen auf der Welt zu dienen, die in Armut und Hunger leben und sterben. Gib ihnen durch unsere Hände heute ihr täglich Brot und durch unsere verständnisvolle Liebe Frieden und Freude.
Gott, mache mich zum Werkzeug deines Friedens,
Damit ich dort, wo Hass ist, Liebe bringe,
Wo Falschheit ist, den Geist des Vergebens,
Wo Zwietracht ist, Harmonie,
Wo ein Irrtum ist, Wahrheit,
Wo Zweifel sind, Vertrauen,
Wo Verzweiflung ist, Hoffnung,

Wo Dunkelheit ist, Licht,
Wo Traurigkeit ist, Freude.
Gott, gewähre mir, dass ich eher danach strebe,
Zu trösten, als getröstet zu werden,
Zu verstehen, als verstanden zu werden,
Zu lieben, als geliebt zu werden,
Denn wenn man sich selbst vergisst, findet man sein Selbst,
Wenn man vergibt, dann wird einem vergeben,
Und wenn man stirbt, erwacht man zum ewigen Leben.«

Mutter Teresa hatte ihre eigene Methode zu beschreiben, wie ein Tag der Schwestern verlief.

>Sobald wir die Kapelle am Morgen verlassen, verwandelt sich jede von uns in eine Art Gummiball, mit dem der Herr zu spielen beginnt. Mit großzügigem Herzen beginnen wir, uns in den verschiedenen Aufgaben zu engagieren, die uns anvertraut wurden. Wie ein Gummiball, der Teil eines Spiels ist, findet jede von uns keine Ruhe, sondern bewegt sich eilig von oben nach unten, reinigt das Haus, wäscht Kleidungsstücke, kocht Essen und so weiter.«

Frühstück gibt es um 7.30 Uhr – ein Glas Wasser und die obligatorischen fünf Chapattis, ein Glas Milch, wenn amerikanisches Milchpulver vorhanden ist, oder eine Tasse Tee.

Dank Mutter Dengels Rat bestand Mutter Teresa immer darauf, dass ihre Schwestern fünf Chapattis aßen, so dass sie nicht aufgrund der harten Arbeit und unzureichender Nahrung krank wurden. Mutter Teresa sagte:

»Gibt es nicht arme Bettler, die sich noch nicht einmal das bisschen Essen leisten können? Verglichen mit ihnen, sind wir da nicht besser genährt? Haben die Armen irgendeine Wasch-maschine, um ihre Kleidung zu waschen? Nein. Aus diesem Grund wiesen wir mit Dank ein Angebot zurück, uns eine Waschmaschine zu schenken. Die Kleidungsstücke, die wir am vorherigen Tag getragen haben, waschen wir am Morgen. In keiner unserer Einrichtungen haben wir Hilfspersonal, wir sind unsere eigenen Diener.«

Das Frühstück dauert 15 Minuten, dann geht jede Schwester an ihren Arbeitsplatz – Nirmal Hriday, Premdan, die Slums, Shishu Bhavan, Lepra-Unterstützungszentren, Tuberkulose-Krankenhäuser, Kliniken, Apotheken, Heime für Obdachlose, Waisenhäuser oder wo auch immer ihre Pflichten sie hinführen.

Gemäß ihren Regeln gehen sie immer zu zweit, meist zu Fuß. Wenn sie irgendein Verkehrsmittel benutzen müssen, wählen sie gewöhnlich das billigste und auf dem Weg bekommen sie Gesellschaft von Jesus und Maria, indem sie den Rosenkranz beten. Sie bringen all ihre Handlungen Gott dar, durch den sie alles in liebliche Gebete verwandeln.

Wenn es Zeit für das Mittagessen ist, wird von den Schwestern erwartet, dass sie in das Haus zurückkehren, von dem aus sie am Morgen aufgebrochen sind. Die Schwestern werden an den Rat von Mutter Dengel erinnert, dass sie genug essen sollen, um ihre Arbeit fortsetzen zu können, ohne der Krankheit anheim zu fallen. Auf ähnliche Weise teilen sie ihren Tag in zwei Hälften und ruhen, indem sie einem weiteren Rat von Mutter Dengel folgen, nach dem Essen eine halbe Stunde, so dass sie nachmittags mit derselben Energie wie am Morgen arbeiten können.

Nach dieser Siesta verwenden sie etwas Zeit auf geistliche Lektüre. Dann trinken sie eine Tasse Tee und fahren voller Energie damit fort, ihre Arbeit zu tun. Manchmal bekommen die Schwestern andere als ihre üblichen Arbeiten aufgetragen, da ihnen die

Abwechslung hilft, ihre Energie zu erneuern. Alle müssen bis 18 Uhr abends wieder in den Konvent zurückgekehrt sein, um sich in der Kapelle in Anbetung und Beten des Rosenkranzes vor dem Allerheiligsten Sakrament zu üben. Ab 19 Uhr nehmen die Schwestern ihr Abendessen ein: Reis, Dal (rote Linsen) und etwas Gemüse, wie die armen Leute, aber genug zum Überleben. Während des Essens hören sie manchmal eine geistliche Lesung. Wenn die Oberin sagt: »Gelobt sei Jesus Christus«, sagt jede »Amen«, und damit ist das Schweigegebot aufgehoben. In den Stimmen ist das Glück vernehmbar, obwohl die Erlebnisse des Tages, die sie erzählen, nichts Außergewöhnliches darstellen.

Nach dem Abendessen haben die Schwestern noch etwas Zeit für Entspannung, in der sie häufig Flickarbeiten verrichten. Sie bewahren ihr Nähzeug – Nadeln, Garn, Rasiermesser, Knöpfe und so weiter – in einer Zigarettendose auf. Um 21.45 Uhr treffen sich alle wieder in der Kapelle zum stillen Gebet, der inneren Einkehr und zum gemeinschaftlichen Gebet. Um 22 Uhr gehen sie schließlich ins Bett, empfehlen sich Gott, dem Vater, und fallen gewöhnlich innerhalb von ein paar Minuten in einen tiefen Schlaf. Dieser Tagesablauf ist prinzipiell in allen Konvents der Schwestern der Nächstenliebe üblich, aber natürlich kann er von Ort zu Ort etwas unterschiedlich sein.

Wenn die anderen schliefen, kümmerte sich Mutter Teresa gewöhnlich um ihre Post oder andere, den Orden betreffende Dinge. Manchmal war sie schon so müde, dass sie den Kopf nur für eine kurze Zeit auf den Tisch legen wollte und dabei tief und fest einschlief. Aber auch wenn dem so war, wachte sie immer genau um 4.40 Uhr auf.

Donnerstags haben manche Schwestern frei. Dieser Tag ist dann für sie selbst bestimmt, um zum Beispiel abgetragene Kleidung zu stopfen, um zu waschen oder zu reinigen. Einige Schwestern nehmen sich an Donnerstagen auch besonders Zeit für religiöse Studien und für die Meditation. Einmal im Jahr dürfen die Schwestern einen Ausflug machen. An diesem Tag vertrauen die Schwestern ihre Pflichten den Novizinnen an, die dadurch an Erfahrung und Selbstvertrauen gewinnen.

Die Schwestern nennen nichts ihr Eigen außer einem Rosenkranz, einem Kruzifix, einem Teller und drei Saris. Zwei Saris sind für den täglichen Gebrauch bestimmt, ein dritter für besondere Anlässe. Sie erinnern sich stets daran, dass ihre ärmsten Brüder und Schwestern nicht einmal das besitzen.

Nur im Besucherraum ist ein Ventilator installiert und sie haben nur zum Wohle der anderen einen Telefonanschluss in ihrem Haus. Die Leute sagen, es sei ein Wunder, dass die Telefonverbindung im Mutterhaus von Kalkutta nie zusammenbricht.

Wie es in dem Gründungspapier festgelegt ist, fußt das Leben der Schwestern auf den Idealen der Liebe, totalen Hingabe, des liebenden Vertrauens und der Fröhlichkeit. Sie müssen immer fähig sein, die Freude Christi zu versprühen und sie durch ihr Handeln auszudrücken. Sie wollen den Menschen das Gefühl vermitteln, dass sie geliebt werden. Sie nehmen alles mit Freude hin, weil das die am besten passende Weise ist, um Dankbarkeit gegenüber Gott und jedermann zu zeigen.

»Geliebte, wir wollen einander lieben, denn die Liebe ist aus Gott, und jeder, der liebt, ist aus Gott gezeugt und kennt Gott.« (1 Jo, 4,7)

KAPITEL 11

Kein Kind soll sterben,
ohne einmal geliebt worden zu sein

Mutter Teresa erklärte, wie der Umgang mit Babys und Kindern zum Bestandteil ihrer Arbeit wurde:

»Vor etwa 2000 Jahren ertönte eines Mitternachts im Dezember der durchdringende Schrei eines Neugeborenen aus einer Scheune in Bethlehem. Es war der Schrei des Kindes Jesus, des Erlösers der Welt. Wann immer der durchdringende Schrei eines ungewollten und verlassenen Babys mein Ohr erreicht, scheint es mir, es wäre derselbe Schrei wie der von Jesus. Wie sollte ich den Schrei meines Jesus nicht beachten?

Aus diesem Grund wurde ein kleines Nazareth oder Nirmal Shishu Bhavan neben das Mutterhaus gebaut, und zwar am 23. September 1955. Aus dieser Barmherzigkeit hat sich das Shishu Bhavan auch in 61 weiteren Städten etabliert. Jedes Kind, das von Krankenschwestern oder Müttern weggeworfen wird, sei die Mutter ledig oder verheiratet, jedes Kind, das in Kübeln aus dem Krankenhaus, im Rinnstein, in Kanälen, neben der Bordsteinkante, in Mülleimern oder auf Müllhalden ausgesetzt wird, ist ein kostbares Juwel, das der Allmächtige Gott geschaffen hat. Manchmal wollen Eltern ein Kind nicht, das zu früh geboren wurde, das verkrüppelt ist, das körperlich oder geistig behindert ist oder das an Aids leidet, aber wir wollen es und wir kümmern uns darum, als ob jedes dieser Kinder Jesus wäre.

Wir können nicht dieselbe geheiligte und wahre Liebe aufbringen wie eine Mutter, die das Kind in ihrem Leib ausgetra-
gen hat, doch wir lieben jedes Kind. Kein Kind wird in unserem Shishu Bhavan zurückgewiesen werden, auch wenn das
bedeutet, dass zwei oder drei dasselbe Bettchen teilen müssen
oder dass sie in einer Box, die von einer Glühbirne erwärmt
wird, mit Geduld und Spucke ins Leben gepäppelt werden
müssen. Jedes Kind ist ein großartiges und wunderbares Geschenk, das Gott uns gegeben hat. Auch das Kind, das vielleicht bald sterben wird, braucht Liebe und Trost, denn es hat
die Fähigkeit, menschliche Liebe zu erkennen.«

Shishu Bhavan, das die Schwestern in Kalkutta aufbauten, war
für sie ein Spiegelbild von Nazareth, wo Jesus aufgewachsen war.
An jedem Tag, an dem Mutter Teresa dorthin kam, drückte sie jedes Kind an ihre Brust und gab ihm ihre Liebe und Zuneigung, als
ob das Kind der kleine Jesus wäre. Wann immer sie fürchtete, dass
das Lebenslicht bei einem Kind erlöschen würde, wickelte sie das
Baby sofort in ein Tuch und vertraute es einer Schwester an und
gab ihr die Anweisung, dem Kind besondere Aufmerksamkeit zu
schenken und es mit all der Liebe und Fürsorge zu versorgen, die
sie aufbringen konnte.

Einst vertraute Mutter Teresa ein sterbendes Kind einer Schwester an, die es besonders umsorgen sollte. Es genoss ihre Liebe und
die Wärme ihrer Brust. Es genoss ihre Schlaflieder und ihre liebliche Stimme, aber abends tat es seinen letzten Atemzug wie eine
verwelkte Blume. »Mein Ziel ist«, sagte Mutter Teresa, »dass kein
einziges Kind ohne Liebe stirbt.«

Der klägliche Schrei eines Babys ertönte einmal genau vor dem
Altar der Kirche Herz Jesu in Kalkutta. Der Messner eilte sofort
herbei, fand ein Kind und nahm es an sich, da es niemandem gehörte. Er holte auch etwas Milch, und sobald das Kind gefüttert

war, fiel es in einen tiefen Schlaf. Inzwischen war die Polizei informiert worden und sie vertrauten das Kind Mutter Teresa an. Der kleine Junge wurde voller Liebe und Zuneigung in Shishu Bhavan aufgezogen, ziemlich schnell von einer guten Familie adoptiert und mittlerweile geht es ihm gut.

Manchmal lassen die Leute ihre Kinder auf der Türschwelle der Schwestern zurück oder ledige Mütter bringen ihnen ihre ungewollten Kinder. Manche Babys kommen nach Shishu Bhavan, weil jemand die Schwestern anruft und ihnen von den Kindern erzählt. Die meisten von ihnen sind physisch oder psychisch behindert. Manchmal finden die Schwestern auch verlassene Kinder auf der Straße. Die Schwestern haben zwar selber nichts, aber sie können jedes Kind füttern und umsorgen, das nach Shishu Bhavan kommt. »Ist das nicht ein großes Wunder?«, würde Mutter Teresa mit einem Lächeln fragen.

Als sie am 10. Dezember 1979 den Nobelpreis in Oslo empfing, sagte sie den versammelten Gästen, was sie von Abtreibung hielt.

»Der größte Friedenszerstörer ist heutzutage die Abtreibung, weil es ein direkter Krieg ist, ein direktes Töten, ein direkter Mord durch die Mutter selbst. Viele Leute kümmern sich sehr um die Kinder in Indien oder in Afrika, wo eine ziemlich große Zahl stirbt, vielleicht wegen Unterernährung, aus Hunger und Ähnlichem. Aber in den entwickelten Ländern sterben Millionen durch den Willen der eigenen Mutter.«

Ähnliches wiederholte Mutter Teresa am 40. Jahrestag der UNO, als ein Dokumentarfilm über ihre Arbeit ausgestrahlt wurde und sie darum gebeten wurde, vor den versammelten Gästen aus verschiedenen Nationen eine Ansprache zu halten:

»Wir fürchten uns vor einer neuen Krankheit namens Aids, aber wir fürchten uns nicht davor, auf grausamste Weise ein unschuldiges Kind zu töten. Der größte Feind des Weltfriedens ist heutzutage die Abtreibung.«

»Warum haben wir wegen solch verachtungswürdiger Taten kein schlechtes Gewissen?«, fragte Mutter Teresa, denn sie glaubte, dass es nichts Verwerflicheres auf der Welt gäbe, als die Bereitschaft einer Mutter, ihr eigenes Kind zu töten, indem sie es in ihrer Gebärmutter zermalmen oder in Stücke schneiden lässt. Sie ging sogar so weit zu sagen, dass Eltern, die eine Abtreibung vornehmen ließen, und alle, die dabei Hilfe leisteten, die Todesstrafe verdienten. Diese müssten nämlich vor dem Allmächtigen entweder in dieser oder in einer anderen Welt Rechenschaft ablegen, betonte Mutter Teresa, und aus diesem Grund flehte sie unwillige Eltern an, das Kind, das sie nicht wollten, nicht zu töten, sondern es ihr und ihren Schwestern zu geben, so dass es die Chance haben würde, glücklich in einem ihrer Shishu Bhavans aufzuwachsen.

Zusätzlich zu ihrer Pflege der verlassenen oder ungewollten Babys nahm Mutter Teresa auch verzweifelte ledige Mütter auf – manche hatten sogar einen Selbstmordversuch hinter sich. Die Schwestern gaben solchen Müttern eine Schulter zum Anlehnen, halfen Schwangeren bei der Geburt und boten ihnen danach an, das Kind bei den Schwestern zurückzulassen und in ihr früheres Leben zurückzukehren. Dann hatten die Schwestern stets die doppelte Genugtuung, weil sie gleich zwei Leben gerettet haben.

Indira Gandhi war eine große Freundin von Mutter Teresa, aber Mutter Teresa leistete gegen ihre Politik der Vasektomie und andere chirurgische Sterilisationsmethoden erbitterten Widerstand. Sie sagte ihr klipp und klar, dass ihrer Meinung nach Indira eines Tages den Segen Gottes wegen dieser Art politischer Programme verlieren würde. Sie hoffte, dass Indira Gandhi vielleicht anfangen würde, auf sie zu hören. Als die Politikerin eines Tages eine Parlamentswahl verlor, eilte Mutter Teresa trotz ihrer gegensätzlichen Meinungen herbei, um ihre Freundin zu trösten.

In keiner Einrichtung der Schwestern gab es etwas Aufsehenerregendes, aber die Shishu Bhavans schmückten schöne und farbenfrohe Sachen – Dinge, die für Kinder schön sind, und Spielsachen, die die Schwestern Jesus als Neugeborenem geben möchten. Diese Dinge sind aber nur ein kleiner Ausdruck dafür, dass sie die Kinder mit allem versorgen, was sie brauchen. Es gibt immer genug Platz, um noch ein Kind in einem Shishu Bhavan aufzunehmen. Der Allmächtige, der für die Vögel am Himmel und die Lilien auf dem Felde sorgt, gibt auch den Schwestern, was notwendig ist, um diese Babys zu schützen und zu nähren.

Im Shishu Bhavan von Kalkutta waren gerade 150 Kinder, alle wertvolle Juwelen, als die Schwestern mit großem Missbehagen feststellen mussten, dass kein einziger Tropfen Milch mehr da war, um ihn den Kindern zu geben. Was konnten sie tun? Die Kinder schrien, aber wer war da, um das Klagen der Schwestern zu hören?

Es war der Gott der Gnade, der ihre Klagen hörte. In der Seele eines Hindu-Bruders meldete sich auf einmal die Stimme des Gewissens, die wie ein Befehl klang, den er nicht ignorieren konnte: *»Nimm all die Milch, die du hast, lauf sofort zum Shishu Bhavan in Kalkutta und gib sie Mutter Teresa.«* Jeder Herzschlag des Bruders war ein Widerhall dieses Befehls und er sagte zu Mutter Teresa, dass der Befehl erst nachließ, nachdem er sie getroffen hatte. Sie öffnete die Kanne, die er gebracht hatte, maß die Milch ab und stellte mit Erstaunen fest, dass es genau die Menge war, die sie jeden Tag für die Kinder brauchten.

Jedes Kind, das in einen Shishu Bhavan kommt, hat eine Mitgefühl erregende Geschichte erlebt, eine Geschichte, die in einer

Tragödie enden könnte, aber es ist der Wunsch der Schwestern, dass jede Geschichte ein glückliches Ende hat. Täglich kommen gute Leute aus Indien und aus dem Ausland, getrieben von dem starken Verlangen, ein Kind zu adoptieren. Hervorragende Leute aus verschiedenen Ländern – Frankreich, Kanada, Schweiz und vielen anderen mehr – adoptieren Kinder aus einem Shishu Bhavan, Kinder, die sonst niemand adoptieren würde, weil sie ernsthaft krank oder geistig oder körperlich behindert sind. Solche Leute achten nicht auf Äußerlichkeiten oder Schönheit, wenn sie ein Kind adoptieren. Auch Paare, die schon Kinder haben oder in naher Zukunft ein Kind erwarten, können ein Kind aus einem Shishu Bhavan adoptieren. Die Schwestern versichern sich aber immer doppelt, dass ein solches Kind eine gute und sichere Zukunft erwartet.

Aber nicht jedes Kind wird adoptiert. Die älteren Jungen, die im Shishu Bhavan nicht behalten werden können, werden nach Bala Bhavan verlegt, das von Missionaren der Nächstenliebe betrieben wird. Dort erhalten sie eine gute Schulbildung, sie werden für die Arbeit geschult und ihnen wird geholfen, eine Stelle zu finden.

Für die anderen Kinder, die nicht adoptiert werden, werden auch Paten gefunden. Es gibt Tausende Kinder, die es schaffen, ihre Ausbildung mit Hilfe der großzügigen Unterstützung eines Paten aus Indien oder aus dem Ausland zu beenden.

Wenn ein Kind adoptiert wird – egal, ob es ins Ausland kommt oder nicht – und die Freitickets, die die Fluglinien großzügig zur Verfügung stellen, haben da schon viel geholfen – wenn also ein Kind adoptiert wird, besuchen die Schwestern das Haus, wo das adoptierte Kind aufgezogen werden soll. Sie halten so lange Kontakt zu ihm, bis es auf eigenen Beinen stehen kann. Mutter Teresa selbst ging nach Genf, um dort Kinder zu besuchen, die von einem Shishu Bhavan adoptiert worden waren. Das erste auf ihrer

Liste war Bablu, der von der Familie Miller adoptiert worden war. Bablus Vater war ein armer Gepäckträger am Bahnhof von Siliguri gewesen und durch die harte Arbeit und das kärgliche Essen war er an Tuberkulose erkrankt. Er lebte nicht lange und hinterließ seinen siebenjährigen Sohn. Der arme Junge wurde von den Schwestern gefunden, als er vor Krankheit und Schwäche nicht einmal aufrecht im Bett sitzen konnte.

Sie behandelten Bablu und kümmerten sich zwei Jahre lang um ihn, bis Joe Miller und seine Familie ihn adoptierten. Sie zogen ihn wie ihr eigenes Kind auf und versorgten ihn, mit allem, was sie sich leisten konnten. Bablu ist heute Schweizer Staatsbürger. Er arbeitet als Koch in einem Casino, das von einer internationalen Agentur betrieben wird. Er ist jetzt ein selbstbewusster, gesunder junger Mann und Mitglied einer Fußballmannschaft. Mutter Teresa war über seinen bloßen Anblick hocherfreut. Tatsächlich erhalten die meisten Kinder, die in Indien und ins Ausland adoptiert werden, eine gute Ausgangsposition für ihr Leben, dort, wo sie aufwachsen.

Es kommt überhaupt nicht in Frage, dass irgendein Kind von einem Shishu Bhavan zurückgewiesen oder vernachlässigt wird. Bis 1997 waren allein im Shishu Bhavan von Kalkutta schon 14 000 Kinder aufgezogen worden. Mehr als 5000 davon wurden von Leuten aus verschiedenen Ländern adoptiert und andere wurden in verschiedene Bala Bhavans umgesiedelt. Dort wurden sie ausgebildet und auf eine solche Weise erzogen, dass sie unabhängig werden und eine geeignete Arbeit finden konnten. Im Jahr 2001 gab es 430 Kinder im Shishu Bhavan von Kalkutta. Um jedes Kind kümmert man sich liebevoll und jedes wird gut ernährt durch Gott den Allmächtigen.

Als sie noch ganz klein war, wurde der jungen Agnes bereits von ihrer Mutter eine große Verehrung zu Unserer Lieben Frau beigebracht und Mutter Teresa behauptete später immer, dass

Maria ihr ihr ganzes Leben beigestanden hätte. Sie hatte die Angewohnheit, immer ein paar Abzeichen Unserer Lieben Frau bei sich zu haben, wo immer sie auch hinging, und diese schenkte sie Leuten, die sie traf.

Manchmal fielen Mutter Teresa auf ihren Reisen bestimmte Orte besonders auf. Dann zog sie einige dieser Madonnenmedaillen hervor und vergrub sie im Sand. Manchmal verteilte sie sie hier und da und sprach dabei ein paar »Gegrüßet seist du, Maria«, während sie das tat. Die Schwestern fragten sie niemals, warum sie das tat. Das aber war ihr wahrer Grund: Wenn ihr Gewissen ihr befahl, dass es notwendig sei, an einem bestimmten Platz ein Heim für die Armen, einen Shishu Bhavan oder irgendeine andere Institution der Missionarinnen der Nächstenliebe zu errichten, untersuchte sie die Umgebung, soweit es ihr möglich war, um einen Platz zu wählen. Ihre rechte Hand suchte dann spontan in ihrem Beutel nach den Medaillen, griff nach ihnen und vergrub oder verteilte sie an einigen Stellen, während sie all ihr Vertrauen in die Jungfrau Maria setzte.

Dann wartete sie, wie ein Gärtner, der einige kostbare Samen ausgesät hatte, um zu sehen, ob und wann diese zu sprießen beginnen würden. In der Zwischenzeit sprach sie viele Bittgebete, unablässig und regelmäßig, das war wie die Feuchtigkeit und Wärme, die notwendig für das Wachstum ihrer demütigen Bemühungen war. Manchmal geschah es, dass der Besitz, wo sie die Medaillen der Heiligen Mutter ausgelegt hatte, ein Teil oder eine Parzelle der Missionare der Nächstenliebe, der Brüder oder Schwestern, wurde. Dann würde dort eine ihrer Institutionen erblühen, um vielen eine Zuflucht zu sein wie ein gut gewachsener Obstbaum. Manche Leute denken vielleicht, das wäre ein reiner Aberglaube, aber für Mutter Teresa war es einfach eine Frage des Vertrauens. Sie sagte:

»Lass mich so laut, wie ich kann, ausrufen, dass dies das Verdienst des wundersamen Eingreifens unserer Heiligen Mutter ist, dass ein Lepra-Zentrum, ein Heim für Geisteskranke, ein Haus für Behinderte oder ein Shishu Bhavan an bestimmten Orten entstand. Nichts ist unmöglich, wenn unsere Heilige Mutter für uns eingreift. Jeder, der seine Zuflucht zu Füßen unserer Heiligen Mutter zur rechten Zeit sucht, der wird mit mir und dem heiligen Bernhard darin übereinstimmen, dass unsere Mutter niemals eine unserer dringlichsten Bitten zurückweist oder abweist.«

Eines Tages kehrte Mutter Teresa von Rom nach Kalkutta zurück und brachte einige Medizin für die Armen mit. Das Flugzeug landete auf dem Flughafen von Delhi mit 15 Minuten Verspätung. Es war 19.30 Uhr, als sie am Terminal ankam, und ihr Anschlussflugzeug nach Kalkutta sollte um 20 Uhr starten. Mutter Teresa traf einen Freund und erzählte ihm, dass sie in einer ihrer Kisten Medizin für einen Jungen hatte, dessen Lebenskraft in einem Shishu Bhavan schwand. Die Medizin könnte ihn vielleicht retten, aber ihr Gepäck war noch nicht aus dem Flugzeug umgeladen worden. Sie bat ihn, ihr zu helfen, sie und ihre Medizin rechtzeitig in das Flugzeug nach Kalkutta zu bringen. Ihr Freund bedeutete ihr, dass dies unmöglich war.

Das Flughafengebäude war voller Leute, die Mutter Teresa treffen und ein Autogramm von ihr haben wollten, aber der Einzige, für den sie sich interessierte, war der Junge aus Kalkutta, der in Lebensgefahr schwebte. Und sie befürchtete, ihn mit der Medizin nicht rechtzeitig zu erreichen. Sie erzählte den Leuten diese Geschichte und bald wusste der ganze Flughafen darüber Bescheid. Unsere Heilige Mutter, die Mutter Teresa immer in Notlagen half, war in ihrem Herzen lebendig, also holte sie ihren Rosenkranz hervor und betete den Rosenkranz. Als sie mit den ersten

10 Perlen fertig war, waren alle, die auf dem Flughafen arbeiten, vom einfachsten Gepäckträger bis zum höheren Beamten, bereit, ihr auf jede nur erdenkliche Art zu helfen.

Das Flugzeug nach Kalkutta war längst zum Abflug bereit. Es stand bereits auf der Startbahn. Sie aber wartete noch immer darauf, dass ihr Gepäck aus der ersten Maschine eintraf. Plötzlich erhielt der Kapitän eine Nachricht aus dem Kontrollturm und stoppte die Maschine. Die Luftverkehrskontrolle hatte dem Kapitän gesagt, dass sich der Abflug kurz verzögere. Innerhalb von Sekunden wurde plötzlich die Tür des Flugzeugs geöffnet und die sechs Päckchen fanden ihren Weg ins Innere. Mutter Teresa hatte bereits alle fünf Gesetze des Rosenkranzes gebetet und jemand hatte sie zum Flugzeug gefahren. Kaum war sie eingestiegen, hob das Flugzeug sofort in Richtung Kalkutta ab.

Das war nur eines der unzähligen Wunder, die Unsere Liebe Mutter für Mutter Teresa erwirkte, natürlich waren auch viele hilfsbereite Leute daran beteiligt, ihr Problem zu lösen, und sie war ihnen allen dankbar für ihre Mithilfe.

»Lasst die Kinder zu mir kommen und wehrt ihnen nicht; denn für solche ist das Reich Gottes. Wahrlich, ich sage euch, wer das Reich Gottes nicht annimmt wie ein Kind, wird nicht hineingelangen.«
(Lk, 18,16–17)

KAPITEL 12

Lepra – oder:
Not macht erfinderisch

Vor 2000 Jahren, als Christus durch Galiläa wandelte und allen Leuten Gutes tat, waren Leprakranke bereits Ausgestoßene der Gesellschaft, denen man keinen Platz mehr einräumte. Aus seiner Verzweiflung näherte sich eines Tages ein Leprakranker heimlich Jesus und rief: »Herr, du kannst mich rein machen, wenn du willst.« Und unser Herr reichte ihm sofort seine helfende Hand und sagte: »Ich will. Sei rein.« Sofort verließ die Krankheit den Mann und er wurde rein. Aber um sich wieder in die Gesellschaft einzugliedern, musste er ein Zeugnis seiner Heilung von einem Priester erhalten. Deshalb sagte Jesus: »Hüte dich, jemandem etwas davon zu sagen, sondern geh, zeige dich dem Priester und bringe für deine Reinigung dar, was Mose vorgeschrieben hat, zum Zeugnis für alle.« (Mk, 1,40–44)

Mutter Teresa glaubte immer, dass wir ebenso viel Mitgefühl mit Leprakranken haben müssten, wie Jesus für sie aufgebracht hatte. Wie Jesus müssten auch wir für jeden Einzelnen unser Möglichstes tun. Mutter Teresa wusste eine Geschichte über den heiligen Franz von Assisi und einen Leprakranken zu erzählen, die geradezu beispielhaft ist:

»Der heilige Franz von Assisi traf einst einen bemitleidenswerten Leprakranken, der eine verformte Nase, angeschwollene Augen und eiternde Lippen und Ohren hatte, außerdem hatte er missgebildete Hände und Füße. Der arme Leprakranke streckte seinen fingerlosen Armstumpf dem heiligen Franz hin und bat um ein Almosen.

Der heilige Franz hatte aber nichts, was er dem Bettler geben konnte, außer sein mit der Wärme der Liebe angefülltes Herz. Um diese Liebe mit ihm zu teilen, lächelte der heilige Franz, nahm ihn in seine ausgebreiteten Arme, umarmte ihn und gab ihm einen Kuss als Zeichen seiner großen Liebe. Der Leprakranke wollte es ihm mit gleicher Münze zurückzahlen. Er drückte Franz an seine Brust, herzte ihn und küsste ihn, wobei er die Tatsache ignorierte, dass seine Lippen vor Blut und Eiter tropften. Im nächsten Moment war der Ort erfüllt von einem lieblichen Duft und mit himmlischem Licht. Und wo war der Lepra-Kranke? Er war nicht mehr zu sehen!

Der heilige Franz verstand und er rief seinen Schülern zu: ›Das war kein Leprakranker, sondern es war unser liebender Herr Jesus Christus selbst!‹«

Während Mutter Teresas Zeit in Indien war die heimtückische Leprakrankheit ein großes Problem und sie konnte von vielen spirituellen Erlebnissen mit dieser Krankheit berichten. So zum Beispiel von dieser Begebenheit:

»Einmal kam ein Leprakranker zufällig an das Tor vom Sabarmathi Ashram von Gandhiji (das ist der Kosename Gandhis), aber nicht ein einziger Bewohner des Ashrams ließ ihn ein. Gandhiji erfuhr davon. Er kam sofort heraus und begrüßte den Kranken mit großem Vergnügen und sagte zu seinen Begleitern: ›Gott will mich testen. Deshalb ist er heute vor mir als Leprakranker erschienen.‹«

In einem Fall, der sich wirklich so zugetragen hat, kamen fünf arme Leprakranke zu Mutter Teresa. Sie hatten ihre Arbeit verloren, als sie von der Krankheit befallen wurden. Kurz danach wurden sie von ihren eigenen Familien wie Hunde behandelt und sie wurden aus ihren Häusern geworfen. Sie fanden nirgends eine Zuflucht. Da sie keine Alternative hatten, verließen sie ihre Heimat, zogen an einen weit entfernten Ort und lebten dort als unbekannte Bettler. Eines Tages trafen sie Mutter Teresa und teilten ihr ihr unbeschreibliches Elend und ihren großen seelischen Schmerz mit, was ihr Herz zutiefst rührte. Sie fühlte dasselbe Feuer der Verzweiflung in sich brennen wie die Kranken und sie sah so lange keinen Ausweg für sich, wie sie auch für die Kranken noch keinen Ausweg gefunden hatte.

Mutter Teresa konnte die schreckliche Notlage der Leprakranken nicht ignorieren. Sie bewegte sich mit großer Freude mitten unter ihnen, brachte ihnen die richtige Behandlung und Unterstützung, Nahrung, Kleidung und eine Zuflucht. Vor allem brachte sie ihnen den Nektar der Liebe. Ihre Freude war grenzenlos, weil sie in jedem von ihnen Jesus fand, wie damals der heilige Franziskus. Vater Damian, der unter Leprakranken lebte und arbeitete, muss auch Jesus in jedem Leprakranken getroffen haben, den er aufsuchte. Mutter Teresa pflegte viele Leprakranke, vor denen andere Abscheu und Entsetzen gehabt hätten, und jedes Mal behauptete sie, dass sie dabei unaussprechliche Freude empfinden würde. Sie empfahl den Leuten ihrer Umgebung, in jedem Leprakranken, den sie treffen, Jesus zu sehen, damit auch sie dieselbe Ekstase erleben könnten.

Das größte Problem der Lepra seien nicht die Kranken, sondern die vielen Vorurteile und die große Angst der Leute, erklärte sie. Sogar hoch qualifizierte Leute verlieren ihre Arbeitsplätze, wenn entdeckt wird, dass sie an dieser Krankheit leiden. Leprakranke werden aus ihrem eigenen Haus und ihrer Umgebung ausgeschlossen und nicht einmal die eigenen Familienangehörigen wollen noch etwas mit ihnen zu tun haben. Jeder noch so hoch gebildete Mensch sieht sich, wenn er oder sie Lepra bekommt, vielen Demütigungen, Ablehnung, Ignoranz, Ausschluss aus der Gemeinschaft, Verbannung und Anonymität ausgesetzt. Schließlich bleibt nur noch die Armut und das Verhungern.

So eine Einstellung muss aber nicht sein und Mutter Teresa betrieb deshalb viele Kampagnen, um die Leute über Lepra zu informieren: Lepra kann beispielsweise vollständig geheilt werden, wenn den daran Erkrankten von Anfang an die richtige Behandlung gewährt wird. Es ist wahr, dass Lepra, die nicht behandelt wurde, die Gefahr der Ansteckung und Weiterverbreitung birgt. Aber genauso, wie der Schaden von Feuer eingedämmt werden kann, indem man das Feuer früh ausstampft, kann die Lepra schwinden, wenn sie rechtzeitig behandelt wird.

Der häufigste Grund für die Verbreitung dieser desaströsen Krankheit ist Armut, die zu Schmutz und zu ungesunden Lebensbedingungen führt. Im 12. Jahrhundert wütete die Lepra in ganz Europa, konnte aber bis zum 19. Jahrhundert auf diesem Kontinent ganz ausgerottet werden. So, wie die Pocken in Indien ausgelöscht wurden, kann dasselbe auch mit Lepra geschehen, wenn die Menschen es wirklich wollen.

Es gibt immer noch Millionen Leprakranke in Indien, die meisten von ihnen leiden allerdings an der nichtansteckenden Form der Krankheit. Aber sogar ansteckende Patienten sind nicht mehr ansteckend, wenn sie ein paar Wochen lang mit den richtigen Medikamenten nach den Richtlinien der Welt-Gesundheits-Organisation (WHO) behandelt werden. Das Wichtigste ist, sofort einen Arzt aufzusuchen, sobald die Symptome auftreten. Je länger ein Patient seinen Zustand ignoriert oder versucht, ihn zu verstecken, umso bedrohlicher wird er. Wenn jemand, der sich mit Lepra angesteckt hat, sich weigert, einen Arzt aufzusuchen, breitet sich die Krankheit bis ins Nervensystem aus und er verliert in seinen Gliedmaßen jegliches Empfinden. Dadurch spürt er keinerlei Schmerzen mehr und erträgt seine Wunden und Geschwüre leichter. Nach und nach werden Nase und Ohren missgebildet und bestimmte Körperteile schrumpfen ein und verkümmern. Die Augenwimpern fallen aus und schließlich verliert der Betroffene die Gliedmaßen, er verfault bei lebendigem Leibe. Alle diese Probleme können jedoch verhindert werden, wenn man die Lepra rechtzeitig behandelt.

Leprakranke sind unsere Schwestern und Brüder, die in diesen modernen Zeiten operiert, behandelt und geheilt werden können, schlussfolgerte Mutter Teresa. Wir sind eindeutig dazu verpflichtet, von allem Heilungswissen Gebrauch zu machen, weil auch Leprakranke das Recht haben, ein angenehmes Leben zu führen. Das sollte eigentlich einleuchtend sein – aber als sich die Stadt Kalkutta ausdehnte, was tat da die Regierung, eine Regierung der Menschen, für Menschen und aus Menschen? Sie schloss das Leprakrankenhaus in Gobra. Dr. B. C. Roy war damals Ministerpräsident von Bengal. Er war ein großer Freund von Mutter Teresa, den sie jederzeit ohne einen Termin traf, weil er wusste, dass sie niemals aus persönlichen Gründen zu ihm kommen würde. Aber selbst er, ihr guter Freund, wies ihre dringliche Bitte zurück und warf ihre armen Leprakranken aus dem Gobra-Krankenhaus hinaus. Er bot Mutter Teresa und ihren Schwestern einen neuen Platz für ein Krankenhaus an, aber sie konnte dieses Angebot nicht annehmen, da es an diesem Ort nicht einmal sauberes Wasser gab.

Mutter Teresa fühlte, dass sie keine Wahl hatte außer selber einen geeigneteren Ort zu finden, wo sie eine Klinik für die Leprakranken eröffnen konnte. Ein örtliches Ratsmitglied aber wollte dies mit allen ihm zur Verfügung stehenden Mitteln verhindern und blockieren. Als Mutter Teresa mit ihren Schwestern in Mothijhil ankam, dem Ort, für den sie sich entschieden hatten, sammelten das Ratsmitglied und andere Dorfbewohner Steine und warfen sie nach ihr. Mutter Teresa verstand, dass Unkenntnis, Furcht und Argwohn vor der Lepra sie zu ihren Handlungen verleiteten, und gab niemandem die Schuld. Stattdessen lief sie zurück zum Lastwagen, mit dem sie gekommen war, und beriet sich mit den Schwestern, die sie begleitet hatten. Sie sagte: »Gott scheint es nicht zu gefallen, dass wir hier eine Lepraklinik aufbauen wollen. Lasst uns beten, um zu erfahren, was Sein Wille ist.«

So musste Mutter Teresa einen anderen Weg finden, um den armen Leprakranken zu helfen. Die Schwestern beteten zwei Monate lang, um den Willen Gottes zu erfahren. Während dieser Zeit spendete die Elektrofirma »Philips« 10 000 Rupien. Aus den USA erhielten die Schwestern zudem einen Krankenwagen. Das Gefährt wurde Mutter Teresas erste mobile Lepraklinik. Seine Eminenz Dr. Perier, der Erzbischof von Kalkutta, weihte ihn feierlich im September 1957 ein.

Jetzt war es möglich, nicht nur Leprakranke eines bestimmten Bezirks, sondern der ganzen Stadt Kalkutta mit Pflege, Aufmerksamkeit und der richtigen Medizin zu versorgen. Von jener Zeit an verstand Mutter Teresa den Psalm: »Wenn das Haus nicht bauet Jahwe, die Bauleute mühen sich vergeblich.« (Ps 127,1)

Jesus, der da gesagt hat: »Ich bin bei dir, habe keine Furcht«, wachte über die Schwestern und ihre demütigen Bemühungen und schickte ihnen einen großartigen Mann, der den Schwestern alle Hilfe, die ihm möglich war, gewährte. Dieser Mann war Dr. Sen, ein Spezialist für Leprabehandlungen im Carmichael-Hospital von Delhi. Dr. Sen war bereits im Ruhestand und bot Mutter Teresa seine Dienste kostenlos für den Rest der Zeit an, die er zu arbeiten fähig war. Er behandelte nicht nur selbst Leprakranke, sondern brachte den Brüdern und Schwestern des Ordens die richtigen Behandlungsmethoden bei, wobei er die neuesten Erkenntnisse der Medizin und Medikamente anwandte. Dr. Chadha ist ebenfalls ein Arzt, dessen Name im Zusammenhang mit unentgeltlichen Diensten für Leprakranke erwähnt werden muss.

Durch die Benutzung des mobilen Krankenhauses konnten Mutter Teresa und ihre Mitarbeiter den Leprakranken jetzt nicht nur die richtigen Medikamente bringen, sondern auch Medizin gegen andere Leiden sowie Milch, Reis, Kleidung und Wolldecken, für die keiner eine einzige Rupie bezahlen musste. Jede Woche, wenn die mobile Klinik eintraf, versammelten sich Hunderte von Leprakranken und bekamen Medizin, Nahrungspakete, Kleidung und sogar Fahrgeld für ihre Reise. So musste Mutter Teresa letztendlich jenem Ratsmitglied dankbar sein, das den Bau eines Rehabilitationszentrums in Mothijhil verhindert hatte.

»Der Allwissende Gott weiß, wie man selbst aus Bösem etwas Gutes schnitzt«, behauptete sie. Tatsächlich erwies sich die mobile Klinik als besonders geeignet, um Leprakranken genügend Hilfe zu bringen. Aufgrund der medizinischen Ausstattung konnten die Patienten in ihren eigenen Häusern behandelt werden und hatten somit das große Glück, bei ihren Familien bleiben zu können, der tiefsten Quelle ihrer Liebe. Außerdem behielten sie ihre Arbeit, den Ursprung ihrer Würde.

Innerhalb kurzer Zeit wurden Arzneimittel aus Ländern wie England und Amerika gespendet, so dass die Missionarinnen der Nächstenliebe heute in der Lage sind, einen Leprakranken innerhalb von zwei Jahren vollständig zu heilen. Mutter Teresa spürte außerdem, dass sie auch einen gewissen Fortschritt darin erzielt hatte, die negative und ängstliche Einstellung gegenüber der Lepra im Allgemeinen zu ändern. Sie aber würde allem Erfolg zum Trotz stets hinzufügen: »Gott hat mich nicht dazu gerufen, um erfolgreich zu sein, sondern um gläubig zu sein.«

Mutter Teresa wollte, dass Leprakranke, die geheilt worden

waren, eine Arbeit aufnehmen konnten. Sie wollte, dass diese Leute dazu fähig wären, ein Leben wie jeder andere angesehene Bürger in Indien zu führen, anstatt betteln zu müssen. Sie wollte die Würde und das Selbstvertrauen der Patienten wiederherstellen, deren Selbstwertgefühl durch die ständige Angst unterdrückt worden war. Sie wollte mit der Vorstellung vieler Menschen aufräumen, die da hieß: »Einmal ein Leprakranker, immer ein Leprakranker.« Daher versorgte sie die Patienten mit aller dafür notwendigen Unterstützung, mit Essen, Kleidung, einer Zufluchtsstätte, mit Arbeitsstellen, die sie ihnen vermittelte, und der Anleitung zum selbstständigen Leben. Mit Hilfe des Herrn gelang ihr beides: geeignete Rehabilitationszentren für diejenigen, die schon vollständig von der Lepra genesen waren, bereitzustellen, und friedvolle Zufluchtsstätten für sterbende Leprakranke zu schaffen.

Ein anderes Ratsmitglied, dessen Name unwichtig ist, kämpfte auch mit allen Mitteln gegen Mutter Teresas Absicht, den armen Leprakranken von Kalkutta zu helfen und sie wieder aufzurichten. Eines Tages wurde dieser Mann aus dem eigenen Haus geworfen, da seine Familie herausgefunden hatte, dass er an Lepra litt. Erst da begriff er den Schmerz und das Leid eines Leprakranken. So wurde der Widersacher zum Angeklagten, der wilde Wolf zum zahmen Lamm.

Dieser Mann bekam kein Kopfkissen, um nachts seinen Kopf darauf zu betten und er war gezwungen, von Ort zu Ort zu wandern. Doch die Schwestern fanden ihn und gaben ihm Zuflucht. Er war erstaunt über die reine Liebe, die Behandlung und die medizinische Versorgung, die sie ihm verschwenderisch angedeihen ließen. Er konnte nicht verstehen, wie er, ihr einstiger Feind, so viel Verzeihen, Vergebung und Liebe erhalten konnte. Später lernte er, dass unser Herr Jesus Christus auch denen vergab, die ihn kreuzigten. Doch zunächst wurde er mit Hilfe Gottes durch die ständige und moderne Behandlung der Schwestern von seiner

Krankheit geheilt. Später wurde er sogar einer der führenden Leute, die bei der Leprabekämpfung mithalfen, ja er arbeitete sogar mit Mutter Teresa zusammen und wurde als Betreuer eines besonderen Lepra-Genesungszentrums ihre rechte Hand.

Als einst ein reicher Geschäftsmann gegenüber Mutter Teresa bemerkte: »Ich würde nicht für 1000 Pfund einen Leprakranken anfassen!«, antwortete sie mit einem Lächeln: »Das würde ich auch nicht, aber ich würde ihn für die Liebe Gottes gerne berühren.« Dieser Zwischenfall brachte sie auf die Idee, einen »Tag der Lepra« ins Leben zu rufen, um Stiftungen zur Unterstützung von Leprakranken zu gründen. »Berühre einen Leprakranken mit deinem Mitgefühl!«, war das Motto, das auf den Sammelboxen stand. Als die Boxen am Ende der Aktion geöffnet wurden, war es offensichtlich, dass viele Leute sehr großzügig gespendet hatten. Mutter Teresa war hocherfreut darüber zu sehen, dass mit der Zeit und als Frucht ihrer Kampagnen viele Menschen ihre unnötige Furcht und ihren Argwohn abgelegt hatten.

Sie erzählte ihren Schwestern und Brüdern die Geschichte, wie sie sich einst einer Frau in einem Armenheim der Schwestern genähert hatte. Die Frau hatte wie ein großer Klumpen Fleisch ausgesehen und verkrümmt dagelegen, wie ein Fragezeichen. Offensichtlich hatte sie seelische Pein und Mutter Teresa versuchte, sie zu trösten. Es stellte sich heraus, dass sie früher Leiterin einer renommierten Privatschule in Kalkutta gewesen und ein Opfer der Lepra geworden war. Die Frau hatte sich weder jemandem anvertraut noch hatte sie die Krankheit behandeln lassen. Lange Zeit war es ihr gelungen, die Lepra geheim zu halten, aber schließlich wurde ihre Nervensystem betroffen, der Verlust von Gliedmaßen trat ein und die verborgene Wahrheit kam brutal ans Licht.

Dann wurde sie selbst für ihre eigenen Kinder eine zu große Bürde. Ihr jüngster Sohn, der sie sehr liebte, brachte sie schließlich zu den Schwestern. Doch der älteste Sohn kümmerte sich überhaupt nicht um sie. Außerdem dachte nicht einer daran, einmal vorbeizukommen, um nach der kranken Mutter zu sehen. Mit Tränen in den Augen fragte diese arme Frau: »Mutter, mein geliebter jüngster Sohn besuchte mich letzte Weihnachten. Wird er nächste Weihnachten wieder kommen?«

Nur Liebe, Güte und Barmherzigkeit können das Gemüt der armen Leprakranken ändern, die sich als Außenseiter und Ungeliebte fühlen, das glaubte Mutter Teresa, und nur liebevolle Taten können den Kranken davon überzeugen, dass seine oder ihre Krankheit keine von Gott gesandte Strafe ist. »Lasst uns unsere Herzen und unsere Taten formen«, sagte Mutter Teresa gewöhnlich, »und zwar als würden wir am Tage des Weltgerichts die süßen Worte unseres Herrn hören: ›Komm und besitze das Königreich, das für dich seit Erschaffung der Welt bereitet wurde, weil ich krank war und du dich um mich gekümmert hast.‹ *Dankt Gott!*«

Denn in der Tat sei Lepra gar keine Bestrafung, sondern im Gegenteil ein wertvolles Geschenk Gottes, behauptete sie, und dieses Geschenk soll uns helfen, zu lieben und denen zu dienen, die von Lepra betroffen sind. Es ist unsere Pflicht, diese armen Leute zu überzeugen, dass es jemanden in der Welt gibt, der sie will und liebt, und dass auch ein Leben mit der scheußlichen Lepra es wert ist, gelebt zu werden. Mit diesem Wissen bemühen sich die Schwestern in ihren Leprazentren um die Kranken. Und in allen ihren Aktivitäten und aufrichtigen Bestrebungen hilft ihnen Gottes Güte unablässig wie der Sauerstoff in der Luft, die sie atmen. Diese Hilfe hat in jedem Leprazentrum Wunder bewirkt, sowohl bei seiner Gründung als auch bei seinem Wachsen und seiner Entwicklung.

Weit weg von der Stadt Kalkutta, in der Nähe der Stadt Asansol, gibt es einen friedlichen Ort, der sich durch die Schönheit ei-

nes Dörfchens und die Annehmlichkeiten einer Kleinstadt aus-
zeichnet. Es handelt sich dabei um das Lepra-Genesungszentrum
Shanthi (Frieden) Nagar (Stadt), das 1957 gegründet wurde.

Die 45 Morgen Land von Shanthi Nagar waren Mutter Teresa
für jeweils eine Rupie im Jahr für 40 Jahre verpachtet worden.
Verantwortlich für dieses wunderbare Arrangement war niemand
anders als Jyothi Basu, Ministerpräsident von Westbengalen und
ein berühmter kommunistischer Führer und Freund von Mutter
Teresa, der niemals eine ihrer Bitten abschlagen konnte.

Bevor das Land den Schwestern übergeben worden war, war in
Shanthi Nagar nichts als Dschungel. Aber Schwester Albert und
Schwester Francis Xavier hatten es in kurzer Zeit in einen Platz
verwandelt, der zum Errichten eines Heimes nebst Anbau geeig-
net war. Rundherum war der Dschungel in einen wunderschönen
Garten verwandelt worden, in dem Mutter Teresa ihren lieben
Leprakranken helfen konnte.

Denn es war Mutter Teresas Traum, einen Platz für die Leprakranken zu haben, an dem sie in Würde leben und sterben konnten, wo sie ertragreich arbeiten und ein konstruktives Leben
führen konnten. Tatsächlich ist Shanthi Nagar nicht nur ein
namhaftes Lepra-Hilfszentrum, wo moderne Technologien und
Medikamente vorhanden sind, es ist auch ein Platz, wo die Kranken zwar bescheiden, aber wie würdevolle Bürger leben können.
Von dem Moment an, wo die Patienten arbeitsfähig sind, bekommen sie eine gute Ausbildung und eine regelmäßige Entlohnung
oder ein Einkommen für ihre Arbeit. Es wird ihnen geholfen, ein
familiäres Leben voller Frieden und Glück zu führen.

1964 kam der Heilige Vater, Papst Paul VI., nach Bombay, um
den Eucharistischen Kongress feierlich zu eröffnen. Während dieses Besuchs kam er eines Tages nach Nirmal Hriday. Er fuhr in einem weißen Lincoln vor, der aus Amerika gespendet worden war.
Der Heilige Vater war von der Arbeit der Schwestern so angetan,

dass er Mutter Teresa den Wagen anbot, aber sie zog es natürlich vor, weiterhin zu laufen, und hatte keine persönliche Verwendung für das Auto. Stattdessen hatte sie die grandiose Idee, den Wagen zu verlosen, und es brachte einige hunderttausend Rupien ein, die als Grundstock für den Bau von kleinen Familienhäusern in Shanthi Nagar genutzt werden konnten. Die wieder genesenen Leprakranken selbst fertigten alle Ziegelsteine an, die notwendig waren, um die Familienhäuser zu bauen, und errichteten die Häuser ganz im Stil ihrer eigenen Dörfer.

Die Kinder der Leprakranken von Shanthi Nagar können frei von Furcht vor Lepra sein. All diese Kinder werden in die Schule gehen, friedlich aufwachsen und ihre Position im Leben einnehmen wie jeder andere Bürger in Indien auch. Sie können ihre Freizeit selbst gestalten. Sie können sich treffen und zusammen spielen und brauchen sich niemals von dem Rest der Gesellschaft ausgeschlossen zu fühlen. Im Gegenteil, gerade sie verstehen, dass sie Kinder desselben Gottvaters sind und dass auch sie Menschen sind, die die Gesellschaft braucht.

Die geheilten und ausgebildeten Leprakranken sind verantwortlich für die Blumen und die Obstgärten von Shanthi Nagar. Das Gemüse, der Reis und der Weizen, den sie erzeugen, ernährt die Gemeinschaft das ganze Jahr hindurch. Sie konstruierten Fischbassins, in denen genügend Fische für die ganze Gemeinschaft gezüchtet werden. Außerdem betreiben sie auch eine Milchfarm, eine Geflügelzucht und andere Heimindustrie, die sie in jeder Hinsicht selbstständig machen.

Die Leute in Shanthi Nagar lassen es nicht zu, dass irgendetwas verschwendet oder gar vergeudet wird. Sie sammeln alle übrig gebliebenen Abfälle, kompostieren sie und können sogar Gas aus Kuhdünger produzieren. »Über allen ist die segnende Hand Gottes«, sagte Mutter Teresa immer wieder, »und er belohnt im Überfluss alle Arbeiten, die durch die verformten und verkrüppelten Hände und Füße eines Leprakranken getan werden. Jeder, der Shanthi Nagar besucht, wird über die wunderbaren Taten unseres Herrn staunen!«

Es gibt dort einige nichtchristliche Ärzte, die den Hunderten Bewohnern von Shanthi Nagar selbstlose Unterstützung gewähren. Zwei oder drei von ihnen können zumindest einmal alle 14 Tage aus Asansol oder Dhanbad kommen, um zu operieren oder die Verstümmelungen der Leprakranken wieder zu heilen.

Bis 1998 haben sich fast 10 500 Menschen in Shanthi Nagar erfolgreich Operationen unterzogen, 5650 Paare Spezialschuhe sind angefertigt worden, 45 Menschen haben eine Spezialausrüstung erhalten, mit der sie wieder sprechen können, 16 205 Kranke sind ins Hospital überwiesen und 44 500 Patienten in der mobilen Klinik behandelt worden. Zusätzlich sind noch 15 500 Patienten mit anderen Krankheiten dort behandelt worden. 750 Kinder sind in das Shishu Bavan gekommen. Die Shanthi-Nagar-Bewohner können fast 1000 Menschen jeden Monat mit einer Ration speisen und 500 Menschen bekommen sogar täglich ihre Nahrung von ihnen. Darüber hinaus studieren noch 40 Studenten in den Schulen der Umgebung. Mittlerweile sind 80 Menschen von der Lepra ganz geheilt und arbeiten in Shanthi Nagar, im Krankenhaus oder auf den Feldern, mit einem neuen Gefühl der totalen Hingabe und Selbstachtung.

Ehe das Krankenhaus in Gobra geschlossen wurde, untersuchten die Schwestern dort jeden Mittwoch vor dem Entally-Konvent die Leprakranken. Sie gaben den Patienten Medizin, Vitamintabletten und Nahrungspakete. Aus diesem Grund kamen arme Patienten von weit her, wie aus Titlagarh, manchmal ohne für den Bus oder den Zug zu bezahlen. Sie brachten ihre kleinen Kinder mit und nahmen unbeschreibliche Mühe auf sich, um diese Hilfe zu erhalten. Es war ihr bedauernswertes Schicksal, das Mutter Teresa dazu bewegte, Titlagarh eines Tages zu besuchen.

Die Leprakranken dort kamen gewöhnlich unter einem großen Baum zusammen, wo sie auf die mobile Klinik warteten. Der bloße Anblick des Wagens erfüllte die Herzen der armen Kranken mit Freude und Zufriedenheit, als ob sie einen großen Schatz entdeckt hätten. Täglich wuchs ihre Zahl und bald erkannte Mutter Teresa, dass eine Klinik eingerichtet werden müsste. Es gab sofort Widerstand, aber Mutter Teresa war der Spruch vertraut, »dass Not erfinderisch macht«, und so richtete sie einen Schuppen neben den Eisenbahnschienen ein. Innerhalb von ein paar Monaten hatte sie dort eine provisorische Klinik geschaffen und vertraute sie einer Hand voll Missionarinnen der Nächstenliebe an.

Die Zahl der Patienten, die die Klinik besuchten, wuchs so schnell, dass drei oder vier Schwestern die Arbeit nicht schafften. Darüber hinaus war der Bereich um die Klinik herum matschig, ungesund und voller giftiger Schlangen. Nicht einmal sauberes Trinkwasser gab es da und die meisten Leute hatten nicht mehr als eine kleine Baracke, um darin zu schlafen. Zusätzlich gab es noch ständigen Ärger mit Kriminellen und Unruhestiftern vor Ort. Mutter Teresa entschied, dass es besser wäre, einige der Brüder der Nächstenliebe mit der Klinik zu betrauen, und tatsächlich bewirkten sie innerhalb kurzer Zeit dort wahre Wunder.

In der Zwischenzeit hatte sie die Verantwortlichen der Stadt darüber informiert, was in Titlagarh vor sich ging. Sie schickte ihnen auch Bittgesuche und Erinnerungsschreiben, eines nach dem anderen. Schließlich geschah das Wunder. Die Verantwortlichen hießen die Arbeit gut und im Oktober 1960 überließen sie den Schwestern das gesamte enge Landstück zwischen der Bahnlinie und der örtlichen Abwasser-Pump-Station, trotz aller Widerstände.

Aber das war nicht das einzige Wunder in Titlagarh. Bruder Christu Das und Bruder Mariya Das taten ihr Bestes, um das Leben der armen Leprakranken zu verbessern, aber sie waren leider ständig das Opfer von Attacken irgendwelcher Krimineller. Doch missgünstige Worte, Streitereien und Steine, die diese »Goondas« nach ihnen warfen, hielten die Brüder nicht von ihrer Arbeit ab. Sie ertrugen alles tapfer, vergaben ihren Feinden von ganzem Herzen und liebten sie alle ehrlich. Darüber hinaus beteten sie Tag und Nacht für diejenigen, die ihnen so zusetzten.

Dann geschah das zweite Wunder. Die Dunkelheit der Feindschaft, Feindseligkeit und Gewaltbereitschaft begann im Licht ihrer Toleranz, Liebe und ihres ehrlichen Dienstes zu verschwinden und die Brüder konnten nun Häuser für die Kranken bauen, so dass diejenigen, die bislang auf der Straße geschlafen hatten, ein Dach über dem Kopf hatten.

Der Fortschritt, den die Brüder und Schwestern innerhalb weniger Monate gemacht hatten, übertraf all ihre Erwartungen. Die Verantwortlichen der Bahngesellschaft merkten das und hatten Mitleid mit den Leprakranken und mit denen, die dafür arbeiteten, ihnen zu helfen. So wurde das ganze Land, das sich von der Bahnstation in Titlagarh bis zum Bahnhof Kurda eine Meile hinzog, in ein schönes Rehabilitationszentrum für arme Leprakranke verwandelt. Heute kann jeder Besucher das Büro dieses Gandhiji Prem Nivas sehen und die Abteilungen für männliche und weibliche Patienten, ferner einen wunderbaren Workshop, wo geheilte Patienten ihren Lebensunterhalt bescheiden durch die Ausübung verschiedener Berufe verdienen, ein Feld für Ackerbau und einen Speisesaal. Ist es nicht wirklich ein Wunder, dass all diese Dinge entstanden, unerwartet und innerhalb einer sehr kurzen Zeit?

»Herr, wenn du willst, kannst du mich rein machen.« (Mt 8,2)

KAPITEL 13

Die Gemeinschaft der Brüder

Am 25. März 1963 wurde die Kongregation der »Missionare der Nächstenliebe« (Missionaries of Charity, MC) mit dem Segen des Erzbischofs offiziell gegründet. Die Brüder verrichten genau dieselbe Arbeit wie die Schwestern und für viele männliche Patienten war es eine Erleichterung, wenn sie von den Brüdern betreut wurden.

Zum selben Zeitpunkt fand im März 1963 ein anderes bedeutendes Ereignis statt. Ein junger Australier namens Ian Travers-Ball wurde Jesuitenpater. Damals kannten er und Mutter Teresa sich noch nicht, aber dieser junge Priester war vom Allmächtigen Gott dazu ausersehen worden, mit ihr zusammenzuarbeiten, um die Armen in Indien zu lieben und ihnen zu dienen. 1964, während er sein Tertiat (den letzten Teil der Ausbildung) in Sitagarah in Hazaribagh ableistete, erhielt er von seinen Vorgesetzten die Erlaubnis, einen Monat lang unter den Armen zu arbeiten, und so kam er zufällig zu den Missionaren der Nächstenliebe. Er war von ihrer Arbeit so begeistert, dass er um die Erlaubnis bat, den Jesuitenorden zu verlassen, um den Missionaren der Nächstenliebe als Bruder Andrew beizutreten. Die Erlaubnis wurde ihm erteilt. Während der einfachen Zeremonie beim Shishu Bhavan in Kalkutta gab ihm Mutter Teresa ein kleines Kreuz, das er über dem Herzen tragen sollte. Das ist bis zum heutigen Tag das einzige Kennzeichen, wie sich die Brüder der Missionare der Nächstenliebe von ihren Mitmenschen unterscheiden.

Tatsächlich war es Bruder Andrew selbst, der, mit dem Einverständnis von Mutter Teresa, beschloss, dass die Brüder keinen Habit tragen sollten, sondern nur gewöhnliche Kleidung wie Hosen und T-Shirts. Lediglich ein Kreuz sollte ihre Zugehörigkeit zu Jesus Christus zeigen. Bruder Andrew übernahm später die Leitung der Missionare der Nächstenliebe.

Obwohl er ein sehr erfolgreicher und heiliger Priester war, bestand der junge Mann darauf, einfach Bruder Andrew gerufen zu werden. Er war es auch, der die Konstitution der Missionare der Nächstenliebe durchsah und auf den neuesten Stand brachte. In Artikel 2 wird der besondere Zweck der Brüder folgendermaßen beschrieben:

>»Die Brüder müssen dieses Leben der Liebe leben, indem sie sich selbst dem Dienst an den Ärmsten der Armen hingeben, auf den Straßen und wo immer sie sie finden. Leprapatienten, mittellose Bettler, die Ausgestoßenen, heimatlose Jungen, junge Männer in den Slums, Arbeitslose und diejenigen, die durch Krieg oder ein Katastrophe entwurzelt wurden, werden immer im Zentrum der Bemühungen der Brüder stehen.«

Bruder Andrew leitete die Brüder und wies sie in alle Bereiche ein. Dank seiner wurden einige Häuser der Brüder in verschiedenen Teilen Indiens und im Ausland gegründet. Wie er selbst einmal berichtete, verschafften ihm »wahrlich außergewöhnliche Umstände« ein Haus in der Mansatala Row in Kalkutta, das das Mutterhaus der Brüder werden sollte.

Der amerikanische Präsident Kennedy höchstpersönlich kaufte ein paar Morgen Land in den Slums von Dum Dum in Kalkutta und schenkte es Mutter Teresa und ihren Brüdern und Schwestern. Die Brüder unterhielten dort ein Haus, in dem sie sich um Jungen kümmerten. Während die Verkrüppelten und Behinderten zu Hause lernen mussten, konnten die anderen auf örtliche Schulen gehen. Außerdem versorgten die Brüder noch einige andere, die krank, benachteiligt und arm waren, mit der notwendigen Sorge und mit Beistand.

Die armen Bewohner von Dum Dum bekamen oft sogar sehr gutes Essen, weil nach jedem India-Air-Flug das übrig gebliebene Essen gesammelt und nach Dum Dum gebracht wurde. Es ist für alle Beteiligten eine große Genugtuung zu sehen, dass auch dieses Essen aufgebraucht und nicht verschwendet wird, und jeder, der einmal den Stachel des Hungers gespürt hat, wird voller Verständnis sein. Mutter Teresa brachte dies auf den Punkt, indem sie sagte, es wären genügend Felder um uns herum, um die Saat der Güte auszusäen. Wir brauchen nur ein wenig mehr guten Willen und Liebe für unsere Mitgeschöpfe. »Ist es nicht eine große Sünde, Nahrung zu verschwenden?«, fragte sie, »wenn unsere eigenen Brüder hungrig bleiben und verhungern, sich verzehren nach einer Hand voll Nahrung?« Und sie betete folgendermaßen:

>»Mache uns würdig, Herr, unseren Mitbrüdern auf der Welt zu dienen, die in Hunger und Armut leben und sterben. Gib ihnen durch unsere Hände heute ihr täglich Brot und schenke ihnen durch unsere verstehende Liebe Frieden und Freude. Amen.«

Bruder Andrew eröffnete im Februar 1973 ein Haus in Südvietnam, in dem vielen armen und verlassenen Opfern des Vietnamkriegs geholfen wurde. 1974 richtete er ein weiteres Haus der Missionare in Phnom Penh ein und später begann er mit Niederlassungen der MC-Brüder inmitten des größten Elends in Kambodscha sowie in Taiwan, Hongkong, Südkorea, Los Angeles und an anderen Orten.

Bruder Andrew sagte immer – und Mutter Teresa stimmte darin mit ihm überein:

»Mutter Teresa und ich sind ganz normale Leute. Wir haben auch unsere Fehler und Schwächen. In bestimmten Punkten haben wir auch unterschiedliche Meinungen und streiten auch, aber nur für diesen bestimmten kurzen Augenblick. Gott hat uns erwählt. Er machte uns zu Werkzeugen, um den Ärmsten der Armen zu dienen. Aber Gott ist die ultimative Ursache von allem Guten und allem Fortschritt. Deshalb danken wir Gott und loben ihn. Ich muss zugeben, Mutter Teresa gibt mir die totale Freiheit, selbst dann, wenn sie nicht mit mir übereinstimmt.«

Heute umfasst die Gemeinschaft der Missionare der Nächstenliebe insgesamt 400 Brüder, sowohl in Indien als auch im Ausland, fünf von ihnen sind Priester. Diejenigen, die der Bruderschaft beitreten, werden gewöhnlich nicht zum Theologiestudium angehalten, aber es ist dennoch von Vorteil, einen Priester in der Gruppe der Brüder zu haben, insbesondere wenn an dem betreffenden Ort keine Kirche ist.

An der Belilious Street in Kalkutta gibt es eine Einrichtung der Missionare, die Nabo Jibon heißt und die von Brüdern unterhalten wird. Einige Brüder machen dort einen Teil ihrer Ausbildung unter der Aufsicht von Bruder Henry. Darüber hinaus geben sie etwa 100 Patienten – die meisten davon sind ältere Männer und Knaben – Fürsorge, Essen, Zuflucht und Medizin.

Von den rund 200 Straßenjungen, die den ganzen Tag am Bahnhof oder am Busbahnhof von Kalkutta herumstreunen, ist keiner über 16 Jahre alt. Sie haben niemanden auf der Welt, der ihnen ein wenig Liebe und Fürsorge gibt. Doch jeden Sonntagmorgen um 6 Uhr nach der Messe in Nabo Jibon wird gute

Musik gespielt und dann dürfen sie tanzen, singen und sich amü-
sieren.

Wenn die Jungen ankommen, bereiten die Brüder von Nabo
Jibon ein Bad für sie, waschen ihre Kleider, reinigen sie und ver-
binden ihre Wunden. Die meisten haben kleine Verletzungen
durch Kämpfe, Taschendiebstahl und anderes Unheil, in das sie
jeden Tag verwickelt sind.

Nicht nur die Brüder, auch andere Mitarbeiter und Freiwillige
und Krankenschwestern aus anderen Ländern kommen am Sonntag, um diese Jungen in Nabo Jibon zu betreuen. Nirgendwo sonst
erhalten die Jungen so viel Fürsorge, die ihnen aus wahrer Liebe,
aus Mitgefühl und Betroffenheit gegeben wird. Und so können
sie fröhlich sein, anstatt zu fluchen und zu kämpfen, wie sie es
normalerweise gewohnt sind.

Mittags sind dann alle gebadet und stellen sich in einer
Schlange zum Essen auf. Dann dürfen sie so viel essen, wie sie nur
wollen und können. Nach dem Essen kehren die Jungen an die
Plätze zurück, von denen sie gekommen sind, aber wenn einer
von ihnen krank ist, kann er in Nabo Jibon bleiben, um von den
Brüdern betreut zu werden.

Nabo Jibon ist für viele ein lebendiges und packendes Beispiel
der Nächstenliebe, das uns lehrt, welche hundert Wege und Mög-
lichkeiten es gibt, den Armen zu helfen. Wenn man sich mit einem Herzen voller Großzügigkeit umsieht, findet man immer einen neuen Weg, um den Menschen zu dienen, die Aufmerksamkeit und Hilfe brauchen.

*»Habt Acht, dass keiner dem anderen Böses mit Bösem vergelte, son-
dern seid stets darauf bedacht, euch gegenseitig und allen Gutes zu tun.
Seid allezeit fröhlich, betet ohne Unterlass, bei allem sagt Dank.«*
(I Thess 5,15–18)

Licht im Haus der Sterbenden

Von den Leuten, die nach Nirmal Hriday kommen, erhalten einige einen besonderen Segen Gottes: Ihr Lebenslicht scheint fast erloschen, aber der Docht leuchtet noch hell. Wenn das so ist, sehen es die Schwestern als ihre Aufgabe an, alles zu tun, um aus einem glimmenden Docht wieder ein strahlendes Lebenslicht zu machen.

Für diese wieder genesenen Menschen brauchte Mutter Teresa einen abgetrennten Ort, der sicher und sauber war, um sie weiter behandeln zu können, damit ihnen ein neues Leben geschenkt wird. Mit diesem Ehrgeiz in ihrem Herzen klopfte sie an verschiedene Türen, aber keine einzige öffnete sich ihr, bis schließlich im April 1973 die Internationale Gesellschaft von Indien, ICI, ihre Türen weit öffnete. Sie schenkte ihr ein großes Krankenhaus, das in der Thijala Street gebaut worden war und das ganze fünf Morgen umfasste. Was für eine wunderbare Spende! Was für ein wundervolles Zeichen der großen Liebe für die Armen.

Mutter Teresa gab ihm den Namen »Premdan« und übertrug die Verantwortung dafür einer sehr pflichtbewussten und hoch qualifizierten Krankenschwester, Schwester Barbara, die mit Mutter Teresa schon viel zusammengearbeitet und zahllosen Patienten gedient hatte. Bald wurden einige der Patienten aus Nirmal Hriday nach Premdan verlegt und nach kurzer Zeit schon waren alle Räume in Premdan angefüllt mit armen Leuten, deren Körper und Seelen durch Krankheit und Armut zermalmt waren. Obwohl niemand sonst sie wollte, nahmen die Schwestern alle auf und bald pulsierte Premdan in neuem Leben. Die Schwestern gaben diesen Armen nicht nur einen Schlafplatz, etwas zu essen, Kleidung und Medizin, um ihre Krankheiten zu heilen, sondern auch reine Liebe, woran es ihnen vor allem fehlte.

Wenn sie nicht aufstehen konnten, bekamen sie natürlich das Essen und ihre Medizin ans Bett gebracht. Die anderen bekamen das Essen von den Schwestern auf der langen Veranda gereicht. Die Schwestern kochten, spülten ab und hielten den Ort sauber.

In Premdan gibt es eine besondere Abteilung für geistig Kranke. Obwohl diese Menschen das Unglück der verlorenen Klarheit des Geistes haben, können sie dennoch den Nektar der reinen Liebe verstehen und genießen. Sie können die Sprache der Liebe verstehen wie jedes andere Wesen, und das, obwohl die Leute, die mit ihnen arbeiten, die Liebe in verschiedenen Sprachen ausdrücken. Darüber hinaus können sie ein ehrliches Lächeln erkennen und erwidern, ein Lächeln, das die Herzen derer, die geben und empfangen, mit Freude erfüllt.

Einmal verließ eine geistig Behinderte ihr Zimmer in Premdan, schrie und begann den Schwestern Probleme zu machen. Die Schwestern hatten Angst, dass sie Mutter Teresa angreifen könnte, die viel schwächer als die Patientin war, und so hielten sie sie von ihr fern, um zu verhindern, dass ihr irgendein Leid zustößt. Doch Mutter Teresa fürchtete sich nicht vor der Frau. Sie näherte sich ihr, blickte ihr in die Augen und zeigte ihre Liebe und ihr Mitgefühl durch ein Lächeln. Sie legte ihre schwachen Hände auf die starken Schultern der kranken Frau. Plötzlich beruhigte sich die Frau, sah sanft wie ein Lämmchen auf Mutter Teresa und lächelte. Mutter Teresa hat oft zu den Menschen gesagt: »Friede beginnt mit einem Lächeln.«

Einmal waren in den Straßen Kalkuttas eine große Menge süßer Kokosnüsse erhältlich. Die Leute warfen, nachdem sie den süßen Saft der Nüsse getrunken hatten, die Schalen einfach weg und diese Hinterlassenschaft bereitete den Behörden der Stadtverwaltung ständig Kopfschmerzen, denn sie konnten sie nicht überall schnell genug entfernen. Da gingen die Schwestern auf die Straßen und sammelten die Kokosnussschalen für Premdan. Die Patienten schälten täglich viele Fasern von den Schalen und machten daraus nützliche Sachen für den Verkauf. So brachte der Abfall, von dem die Stadtverwaltung nicht wusste, wie sie ihn von den Straßen entfernen sollte, sogar etwas Geld für die armen Bewohner von Premdan! Wie glücklich sie waren, durch ihre eigene Arbeit ein bisschen Geld zu verdienen! Und mit ihnen freute sich natürlich auch die Stadtverwaltung Kalkuttas.

Kokosnussschalen gibt es zwar keine mehr, aber stattdessen sammeln die Schwestern gebrauchtes Papier aus den Büros. Jede Woche verteilen sie sechs Kilo Papier an ausgewählte arme Familien, die daraus Papierumschläge anfertigen, die sie verkaufen können. Für viele arme Familien ist das eine große Erleichterung, da es ihnen Arbeit gibt, die ihnen Geld für Vorräte einbringt. Die Schwestern sortieren auch Papier aus, das auf einer Seite unbeschrieben ist, und machen daraus Schreibhefte für arme Studenten.

Am 6. August 1997 besuchte Mutter Teresa Premdan zum letzten Mal, es war die einzige Einrichtung, die sie kurz vor ihrem Tod noch einmal sehen konnte. Zu diesem Zeitpunkt waren 370 Männer und Frauen dort. Sie alle wussten, dass Mutter Teresa sie sehr liebte, und die meisten brachen in Tränen aus, als sie so kurz nach dem wundervollen Besuch von ihrem Abschied von dieser Welt hörten.

Mutter Teresa brauchte nur »Geht« zu sagen und schon gingen ihre Schwestern oder Brüder zu jedem x-beliebigen Ort der Welt, den sie genannt hatte. Sie war immer überzeugt, dass der Allmächtige Gott, der auch die Vögel am Himmel füttert, sich genauso um die Missionare der Nächstenliebe, Brüder und Schwestern, kümmern wird. Und so erreichten im Juli 1975 sieben Schwestern die Stadt Rourkela, wo es eine große Stahlfabrik gab. Sie hatten keinen Schlafplatz und nichts zu essen, aber ihre Herzen waren voller Liebe und Verlangen danach, den Armen zu dienen, welche Prüfung das auch immer von ihnen fordern mochte – bis zum Verhungern.

Sie gingen also in das Slumgebiet und dienten und beteten Jesus dort an, der in den Armen gegenwärtig war. Die selbstlose Unterstützung und die Liebe, die sie ihnen gaben, wurde nicht nur von den Leuten ringsum bemerkt, sondern auch von Beschäftigten in der Stahlfabrik. Sie wollten auch sofort helfen und ließen sie in einem ihrer Bungalows schlafen. Das Krankenhaus stellte den Schwestern alle nötigen Medikamente zur Verfügung, die man brauchte, um Lepra zu behandeln. Die Schüler der örtlichen Schule spendeten sogar einen Teil ihres Taschengeldes und ihrer Schulspeisung.

Während der ersten zehn Monate mussten die Schwestern hart kämpfen, aber danach errichteten sie ein neues Premdan in Rourkela, um den Ärmsten der Armen Trost und Hilfe zu bieten. Die Leitung der Stahlfabrik spendete zwei Morgen Land zwischen zwei Hügeln, wo heute dieses Premdan steht. Bei den Menschen, die dorthin kommen, handelt es sich um Waisen, körperlich und geistig Behinderte, Schwangere, die keine Zuflucht haben, sterbende Arme und Leute, die an unheilbaren Krankheiten leiden.

Die Großzügigkeit der Beschäftigten der Stahlfabrik ist beispielhaft für das gutherzige Verhalten, das Mutter Teresa oft sogar von Menschen erfahren hatte, die viel weniger zu geben hatten, aber es ebenso mit Liebe gaben. Einmal bot ihr ein armer Mann im Bus seinen Sitzplatz an und kaufte, ihren Protest ignorierend, eine Fahrkarte für sie. Dann öffnete er den Knoten, den er an einem Ende seines Dhoti gemacht hatte und holte seine Ersparnisse heraus. Es war nur eine Münze von zehn Paise. Er gab sie ihr wie einen Schatz und sagte: »Mutter, bitte nimm freundlicherweise diese Münze an, sie ist alles, was ich dir geben kann.«

Sie nahm die Münze freudig an und dankte ihm für seine Großzügigkeit. Sein armes Herz füllte sich mit Freude und Zufriedenheit. Den Widerschein davon konnte Mutter Teresa auf seinem Gesicht sehen, denn er hatte ihr alles, was er hatte, für die Armen gegeben, genau wie die arme Witwe, die ihre beiden einzigen kleinen Bronzemünzen dem Tempelschatz hinzufügte. Mutter Teresa betete, dass Gott diesen armen Mann im Überfluss segnen wolle.

»Wer euch einen Becher Wasser zu trinken reicht, weil ihr dem Messias angehört – wahrlich, ich sage euch, er wird seinen Lohn nicht verlieren.« (Mk 9,41)

KAPITEL 15

Leben im Dienst der Mittellosen

Mutter Teresa hatte viele Freunde in Spitzenpositionen, denen es aufgrund ihrer Stellung oft möglich war, Teresas Arbeit zu unterstützen. Dr. B. C. Roy beispielsweise, einst Ministerpräsident von Westbengalen, war ein sehr guter Freund, der ihr im Anfangsstadium ihrer Arbeit sehr viel geholfen hatte. Er gab ihr keinerlei Geld, aber er zeigte ihr, wo sie Hilfe erhalten konnte, und er war der erste politische Führer, der für ihre Arbeit in der Öffentlichkeit Werbung machte.

An seinem 80. Geburtstag, als er noch immer seine Position innehatte, fragte ihn ein Reporter, was ihn am häufigsten beschäftigte, und er antwortete: »Als ich heute die Stufen meines Amtssitzes erklomm, galt mein erster Gedanke Mutter Teresa, die ihr gesamtes Leben dem Dienst an den Armen und Mittellosen gewidmet hat.« Am nächsten Tag druckten alle Zeitungen diese Neuigkeit ganz prominent auf der ersten Seite. Das war für Mutter Teresas Arbeit eine große Hilfe, denn viele Leute wurden dadurch motiviert, ihren verarmten Mitmenschen ebenfalls Hilfe zu leisten.

Dr. Roy bat Mutter Teresa einmal, für vier Obdachlosenheime, die von der Regierung Kalkuttas geführt wurden, die Leitung zu übernehmen. Doch sie lehnte ab, mit der Begründung, keine ihrer Schwestern entbehren zu können. Auch wenn sie mit dem Ministerpräsidenten gut befreundet war, behielt sie es sich vor, die Aufgaben, die er ihr übertragen wollte, abzulehnen und stattdessen ihre eigene Arbeit zu tun.

Einmal fragte ein Reporter Jyothi Basu, einen anderen Ministerpräsidenten von Westbengalen, warum er als kommunistischer Führer und Atheist der berühmten Katholikin Mutter Teresa so nahe stand. Er gab zur Antwort: »Es gibt einen gemeinsamen Faktor, der uns verbindet: Mutter Teresa und ich, wir lieben die Armen.« Mutter Teresa konnte dem nur vollen Herzens zustimmen, denn sie erhielt seine ganze Unterstützung für viele ihrer Aktivitäten in Kalkutta. Beispielsweise wäre es ohne seine Unterstützung nie möglich gewesen, so viele Leprakranke zu versorgen und so vielen armen und befallenen Menschen in und um Kalkutta herum zu helfen. Sie sah in Jyothi Basu einen wahren Freund, dem sie eine große Menge verdankte. Während des Internationalen Jahrs des Kindes 1979 organisierten die Schwestern in einem Stadion Kalkuttas ein Festival für 12 000 Kinder, zu welchem ein Gast erschien, der zwar nicht eingeladen, dafür aber um so willkommener war – Jyothi Basu.

Jyothi Basu war überall und zu allen Zeiten für Mutter Teresa erreichbar. Er hatte die ständige Anweisung gegeben, dass sie, wann immer sie anrief, direkt und unverzüglich zu ihm durchgestellt würde. Selbst zu den geschäftigsten Zeiten fand er immer eine Minute, um zu ihr zu eilen und sie zu besuchen, wenn er hörte, dass sie krank war. Als sie einmal nach einer Herzattacke in das Salvator-Mundi-Hospital in Rom überwiesen wurde, schickte er kurz darauf ein Telegramm mit seinen besten Genesungswünschen, das sie trösten sollte.

Einmal besuchte Mutter Teresa das örtliche Gefängnis von Kalkutta und traf dort einige weibliche Insassen. Sie konnte ihre Tränen nicht zurückhalten, als sie sah, in welchen Mitleid erregenden Verhältnissen die Frauen lebten. Sie ersuchte Jyothi Basu um eine menschlichere Behandlung der Gefangenen und bat ihn um einen Waschraum, Essen, Kleidung, Medizin und vieles mehr, da einige der Frauen kurz vor dem Wahnsinn standen angesichts der Umstände, unter denen sie gezwungenermaßen lebten. Jyothi Basu versuchte zuerst, wie einst Pontius Pilatus, seine Hände in Unschuld zu waschen, indem er sagte: »Mutter, es stimmt, dass ich der Ministerpräsident von Westbengalen bin, aber nicht einmal ich kann das alles für dich tun.« Sie entgegnete: »Sind sie nicht unsere eigenen Schwestern? Erlaube mir, mich um sie zu kümmern. Gib mir etwas Land, um sie wieder einzugliedern; kannst du das tun?«

Sie trug diese Bitte mit Tränen in den Augen vor und er konnte nicht vorgeben, diese Tränen übersehen zu haben. Deswegen gestattete er ihr alles, worum sie gebeten hatte, und gab ihr auch etwas Land für dieses Projekt. Mutter Teresa konnte zwar nicht alle Insassinnen des Gefängnisses resozialisieren, aber sie konnte mehr als hundert weibliche Gefangene, die geistig oder physisch krank waren, mitnehmen und in einem weiträumigen Gebäude unterbringen, welches sie zu diesem Zweck erworben hatte. Unter der Fürsorge und dem Schutz der Missionarinnen der Nächstenliebe wurden die Frauen wieder wie menschliche Wesen behandelt.

Einige der Gefangenen hatten um Heimaturlaub gebeten, der ihnen durch den Einsatz Mutter Teresas von der Regierung gestattet wurde. Aber alle Insassinnen kehrten innerhalb eines Monats zum Haus zurück, weil sie daheim nicht willkommen waren. Ihre Familienangehörigen wollten keine Prostituierte oder Kriminelle oder Mörderin in ihrem Haus. Im Gegenteil, sie versuchten sich von ihren Verwandten fern zu halten. Doch Mutter Teresa konnte beruhigt feststellen, dass diese ehemaligen Häftlinge von ihren früheren Aktivitäten, deren sie sich schuldig gemacht hatten, Abstand nahmen. Wie die verlorene Tochter kehrte jede von ihnen zum Haus zurück, wo sie saubere Kleider, geeignete Nahrung, Unterkunft und Pflege bekamen. »Sie hungern mehr denn je nach Liebe«, erklärte Mutter Teresa, »und wir sind bereit, sie zu geben. Darum kommen sie ohne Fehl und Tadel zu uns zurück. *Dankt Gott.*«

Im Jahre 1960 erhielt Mutter Teresa die Erlaubnis, auch außerhalb von Kalkutta Niederlassungen ihrer Gemeinschaft zu gründen. Das erste Haus, das sie außerhalb Kalkuttas eröffnete, lag in Ranchi. Dann wurden Häuser in Delhi, Jhansi und Agra gegründet. Der indische Premierminister Pandit Nehru weihte ihre Einrichtung in Delhi ein. Eigentlich war er zu jener Zeit krank, aber seine Liebe für die Schwestern war so groß, dass er von seinem Krankenbett aufstand, um sich ihnen bei der Eröffnung anzuschließen. Als Mutter Teresa versuchte, ihm von all ihren Aktivitäten zu berichten, sagte er: »Mutter, du musst mir nichts über eure Aktivitäten erzählen. Ich kenne sie ziemlich gut – deshalb bin ich heute hier.« Indien hatte noch nie eine Person, die in einem fremden Land geboren war, mit dem Padmashree (einem der höchsten Zivilorden Indiens) geehrt, aber Nehru empfahl dem indischen Präsidenten, Mutter Teresa auf diese Weise zu ehren. Und sie akzeptierte im Jahre 1962 diese Ehrung im Namen der Armen Indiens.

Es kam Mutter Teresa bei ihrer Arbeit enorm zugute, Niederlassungen ihrer Gemeinschaft in verschiedenen Teilen Indiens einrichten zu können. Die neuen Niederlassungen erfreuten sich großen Zuspruchs und trugen auch gute Früchte, mit denen Hunderten von kranken, verstoßenen und ungewollten Armen Nahrung, Unterkunft und Pflege gegeben werden konnten. Im Jahre 1981 gab es bereits 68 Einrichtungen.

Wie bereits erwähnt, war Indira Gandhi eine große Freundin Mutter Teresas. Dank ihrer Großzügigkeit bekamen die armen Patienten einiger Einrichtungen der Missionarinnen der Nächstenliebe hier und da ein besonderes Essen, nämlich dann, wenn in Delhi ein Bankett stattfand. Indira Gandhi hatte Anweisung gegeben, ihnen alles Essen zu senden, das nach jedem Bankett in

Delhi übrig blieb. Gandhi organisierte auch Freikarten für die Eisenbahn und Freitickets für indische Fluggesellschaften. Mutter Teresa stand auch in Indira Gandhis Schuld, was die Sonderbehandlungen bezüglich Zoll und Passwesen betraf.

Auch war es Indira Gandhi, die als Kanzlerin der Viswa-Bharathi-Universität Teresa die »Desikothama-Ehrung« anbot. Mutter Teresa hatte ihre Zweifel, ob es richtig sei, dass eine Universität einer einfachen Nonne wie ihr, die für die Armen Indiens lebte und arbeitete, Preise verlieh, aber sie nahm im Namen des Herrn Jesus an. Sie meinte auch, dass das Annehmen solcher Ehrungen ihr die Chance gab, zu einigen Mitgliedern der Elite und der Intellektuellenkreise über Jesus zu sprechen, die ansonsten nie von ihm hören würden.

Eine spezielle Hinduvereinigung in Delhi arrangierte für Mutter Teresa einen Empfang im Red Fort, dem historischen Palast Indiens, nachdem sie im Dezember 1979 den Nobelpreis erhalten hatte. Teresa musste erscheinen, denn auch der Premierminister, Minister des Kabinetts und andere äußerst wichtige Würdenträger und Regierungsbeamte waren bei dem Empfang anwesend. Einige von ihnen merkten an, dass sie nach Pandit Nehru und Indira Gandhi die erste Inderin war, die im Red Fort einen offiziellen Empfang erhielt. Mutter Teresa war das unangenehm, schließlich vertrat sie die Auffassung, sie habe nichts Ehrenwertes getan. Aber da sie nicht umhin konnte, einige Worte zu sprechen, erzählte sie den Anwesenden folgende wahre Geschichte:

»Eines Tages, als die Sonne gerade unterging, läutete jemand an meiner Tür. Ich ging hin, öffnete und sah meinen Jesus in Gestalt eines armen Leprakranken. Er zitterte vor Kälte, da er nichts hatte, um seinen Körper zu schützen, und sein Magen war leer. Ich veranlasste sofort, dass ihm etwas Essen und eine Decke gegeben wurde.

Da sagte dieser arme Leprakranke in all seiner Offenheit:
›Mutter, ich bin heute nicht hierher gekommen, um irgendetwas für mich zu bekommen. Ich hörte, wie die Leute sagten, dass du von irgendwoher einen großen Preis erhalten hättest. Daher entschied ich heute morgen, dir als Geschenk all die Almosen zu geben, die ich heute erhalten habe. Ich bettelte von heute Morgen bis jetzt und alles, was ich bekommen habe, liegt in dieser Schale. Mutter, sei so freundlich, es als mein bescheidenes Geschenk anzunehmen.‹
Er streckte mir seine Almosenschale entgegen, mit allem, was er besaß. Ich nahm es an und drückte meine von ganzem Herzen kommende Dankbarkeit aus. Ich zählte die Münzen in der Schale. Zusammen waren es 75 Paise. Selbst heute noch kann man diese 75 Paise auf meinem Tisch sehen. Es erinnert mich immer daran, wie großherzig menschliche Wesen sind!«

Rajiv Gandhi half Mutter Teresa ebenfalls, als er Premierminister war. Es gab einen Filmregisseur namens Lapierre, der in Indien einen Film mit dem Titel »*Im Namen von Gottes Armen*« drehen wollte, aber dazu nicht die Erlaubnis der indischen Regierung bekam. Mutter Teresa jedenfalls schrieb zu seinen Gunsten an Rajiv Gandhi, und dieser war so freundlich, nach Erhalt ihres Briefes Herrn Lapierre die Drehgenehmigung zu erteilen.

Am 8. September 1989 wurde Mutter Teresa nach einer Herzattacke in das Woodlands-Heim in Kalkutta gebracht. Kurz darauf erhielt sie einen Trostbrief von Mr. Gandhi. Überdies fand er die Zeit, sie zu besuchen, bevor sie das Hospital verließ. Mutter Teresa vergaß niemals seine Freundlichkeiten und sie erinnerte sich ebenfalls dankbar daran, dass seine Frau, Sonia Gandhi, von Zeit zu Zeit daran dachte, den Schwestern zu helfen, indem sie Gemüse zum Shishu Bhavan nach Delhi schickte.

Die schreckliche Dürre, die 1981 in Äthiopien herrschte, und die bemitleidenswerte Lage der Armen in jener Region plagten Mutter Teresa gewaltig. Einige Schwestern reisten mit Medikamenten, Essen und Kleidung nach Äthiopien, aber all ihre Bemühungen waren nicht mehr als ein kleiner Teelöffel Zucker in einem gewaltigen Teekessel. Die Schwestern kehrten nach Kalkutta zurück und beteten zum Allmächtigen Gott, ihnen einen Weg zu weisen, wie sie den Opfern der Dürre angemessen helfen könnten. Für sie wurde auch ein Tag lang gefastet. In jener Nacht, während der Gebete, kam Mutter Teresa der Name des damaligen Präsidenten der Vereinigten Staaten von Amerika, Ronald Reagan, in den Sinn. Daraufhin schrieb sie ihm sogleich einen Brief.

Kaum hatte er ihren Brief erhalten, rief er sie an und sie konnte ihm die miserable Lage in Äthiopien schildern mit der Bitte zu helfen. Sogleich versprach er, in seinem und im Namen des amerikanischen Volkes Soforthilfe zu schicken. Er machte dieses Versprechen nicht nur binnen weniger Stunden wahr, sondern unternahm auch die notwendigen Schritte, um die gesamten dortigen Hilfsaktionen zu koordinieren.

Am 28. Oktober 1971 eröffneten die Schwestern ihre erste Einrichtung in New York. Zwischen 1976 und 1995 gründeten sie insgesamt 38 Zentren, inklusive eines Novizinnenhauses in verschiedenen Teilen der Vereinigten Staaten von Amerika. Dadurch waren sie in der Lage, vielen Mittellosen zu dienen, sie zu lieben und für sie zu sorgen, einschließlich jener, die an Aids litten. Sie alle waren hungrig und durstig nach etwas Liebe, und das mehr als nach allem anderen. Präsident Reagan unterstützte die Schwestern, wo immer er konnte, bei ihren bescheidenen Bemühungen, den unglücklichen menschlichen Wesen, die an Aids litten, Unterkunft, Medizin und Pflege zu geben. Mutter Teresa sagte zu ihm als einem Freund: »Ich werde zu Gott beten und den

Armen und Kranken dienen, und du bist so freundlich, für uns den Rest zu erledigen, nicht wahr?«

Im Juni 1985 stattete Mutter Teresa dem George Washington University Hospital einen Besuch ab, um dort Aidspatienten zu treffen. Dank der Hilfe von Dr. Richard Di Gioia war es ihr möglich, das Leiden vieler Aidspatienten genauer zu studieren. Aidsopfer in den USA leiden unter weitaus größerem Hass, Abscheu und Ausschluss, als dies selbst bei Leprakranken der Fall ist. Mutter Teresa aber pflegte zu sagen, dass auch sie Kinder Gottes seien und dies niemals vergessen werden dürfe. »Auch sie verdienen unsere brüderliche Liebe und Pflege und auch sie sollen leben können wie menschliche Wesen, in Frieden und Glück.« Mutter Teresa sagte oft, dass wir nicht Richter seien und es nicht unsere Aufgabe sei, über andere zu richten. Unsere Mission sei es, ihnen, soweit wir können, zu helfen. Unser Auftrag sei es, ihre letzten Tage der Pein und des Leids in Augenblicke voll Akzeptanz, Trost, Frieden und Freude zu verwandeln.

Ein Aidspatient erzählte einst Mutter Teresa:

»Mutter, die letzten 25 Jahre habe ich gelebt, ohne Gott zu kennen und ohne Selbstkontrolle. Schließlich erreichte ich dieses Hospital und fand einen neuen und wahren Freund in dir. Von dem Tag an geschah eine völlige Wandlung in mir. Es gab eine Wandlung in meiner Einstellung zu meinem Leid.

Ich leide unter heftigen Kopfschmerzen. Dennoch ertrage ich sie mit Freude und Glückseligkeit, wenn ich sie vergleiche mit der Qual unseres Jesus, die er litt, als die scharfe Dornenkrone tief in sein Haupt gepresst wurde.

Ähnlich vergleiche ich meine schier unerträglichen Rückenschmerzen mit dem Leid, das Unser Herr ertrug, als er gegeißelt wurde, und die stechenden Schmerzen meiner Hände und Füße mit denen von Jesus, als die Nägel durch seine Hände und Füße gebohrt wurden. Wenn ich für und mit Jesus leide, die Schmerzen als Wiedergutmachung meiner Sünden anbiete, so, wie du mich gebeten hast, es zu tun, dann wird mein Leid zu einem Gewinn.

Ich habe nur einen Wunsch: Mutter, Ihr müsst mich zu eurem Haus bringen. Ich möchte sterben, wenn ihr mir nahe seid.«

Mutter Teresa nahm den Patienten mit in die Kapelle, wo er ein reines und ungestörtes Zwiegespräch mit Jesus führte, der im Sakrament gegenwärtig ist. Nach drei Tagen starb er friedvoll einen wunderschönen Tod.

Um drei jungen Aidsopfern im Sing-Sing-Gefängnis einen ähnlich friedvollen und glücklichen Tod zu ermöglichen, sprach Mutter Teresa mit Mario Cuomo, dem damaligen Gouverneur von New York. Er erfüllte freundlicherweise ihre Bitte und binnen 24 Stunden waren die Patienten ins Manhattan Hospital überwiesen worden.

Am 13. Juni 1986 traf Mutter Teresa Präsident Ronald Reagan im Weißen Haus. Dieses Treffen ebnete den Weg zur Eröffnung eines weiteren »Geschenks der Liebe« in Washington D. C. Mutter Teresa sagte zum Präsidenten: »Ich werde das Beten übernehmen und du wirst den Rest tun müssen.« Er war sehr großzügig wie auch der Hochwürdigste James Hickey, Erzbischof von Washington, und als Ergebnis erhielten die Missionarinnen der Nächstenliebe 12 Morgen Land und die nötigen Gebäude, wo sie Aidsopfer unterbringen und sie umsorgen konnten – Männer, Frauen und Kinder. »Wir stellen ihnen ein liebendes Heim zur Verfügung«, sagte sie, »wo sie die Pflege, Mitgefühl, Frieden und Freude erhalten können, die sie als Kinder Gottes verdienen, obwohl sie nicht nur an Aids leiden, sondern auch an anderen unheilbaren Erkrankungen.«

Mit Gottes Gnade entstanden ähnliche »Geschenke der Liebe« im Juni 1988 in San Francisco und 1989 in Denver, Colorado. Mutter Teresa erinnerte sich stets mit großer Dankbarkeit daran, wie sowohl Präsident Bush als auch Präsident Clinton die Schwestern unterstützten und mit ihnen zusammenarbeiteten, um diese Mission zu verrichten.

Am 25. Dezember 1985 eröffneten die Schwestern in Manhattan, im Herzen von New York, ein »Geschenk der Liebe«-Haus für Aidspatienten. An der Mauer des Gebäudes hängt ein Plakat. Auf ihm kann man lesen, was Mutter Teresa im Alter von 70 Jahren als bescheidene Antwort auf die Frage geschrieben hatte, was Leben sei:

Leben ist eine Gelegenheit, nutze sie

Leben ist eine Schönheit, bewundere sie

Leben ist Glückseligkeit, fühle sie

Leben ist ein Traum, realisiere ihn

Leben ist eine Herausforderung, begegne ihr

Leben ist eine Pflicht, führe sie aus

Leben ist ein Spiel, spiele es

Leben ist kostbar, pflege es

Leben ist Reichtum, behalte ihn

Leben ist Liebe, erfreu dich an ihr

Leben ist ein Geheimnis, kenne es

Leben ist ein Versprechen, erfülle es

Leben ist Kummer, überwinde ihn

Leben ist ein Lied, singe es

Leben ist ein Kampf, nimm ihn an

Leben ist eine Tragödie, umarme sie

Leben ist ein Abenteuer, wage es

Leben ist Leben, erhalte es

Leben ist Glück, mache es

Leben ist zu kostbar, zerstöre es nicht

Im Winter 1970 dachte Mutter Teresa daran, einen Zweig ihrer Kongregation in England zu etablieren, und in kürzester Zeit fanden sie und ihre Schwestern, wonach sie suchten – die Ärmsten der Armen, genau wie in Indien. Die Menschen befanden sich in tiefster Armut und hatten keinerlei Unterkunft, um dort die Nächte im kalten Winter zu verbringen. Manche von ihnen versuchten, nachts auf provisorischen Betten aus Pappkartons zu schlafen. Mutter Teresa wollte sie alle retten, und um dies zu erreichen, bat sie Margaret Thatcher, die damalige Premierministerin Englands, um Hilfe.

Mutter Teresa war außerordentlich geschockt von dem, was sie in England sah. Es gab Tausende, die kurz davor standen, im Teich der seelischen Armut zu ertrinken, mehr noch als in dem der ökonomischen. Hunderte fristeten ein einsames Leben und hatten niemanden, der nach ihnen sah, und es gab viele, die ihre letzten Lebenstage in einsamen, dunklen Zimmern verbrachten, weil niemand sie wollte. Obwohl Teresa und ihre Schwestern nichts besaßen, sagten sie diesen armen Leuten, dass sie sie annehmen und lieben wollten.

Eines Tages kamen die Schwestern zur Wohnung einer allein lebenden Dame. Ein Fäulnisgeruch aus dem Haus begrüßte sie. Sie klopften an der Tür, aber die Frau weigerte sich zu öffnen. Indem sie sich an die Worte des Herrn erinnerten: »Klopft, und es wird euch aufgetan«, klopften die Schwestern weiter. Schließlich wurde einer von ihnen der Zutritt gestattet und sie sah, dass die Toilette, welche die Dame täglich benutzte, seit Tagen verstopft war und überquoll. Da es niemanden gab, der der armen Frau half, waren auch die beiden anderen Räume voll mit Fäkalien und Urin.

Die Schwester tröstete die Frau sofort, ging nach draußen und organisierte eine Schaufel und einige Säcke. Die Schwestern füllten die Säcke mit den Fäkalien und trugen sie fort. Dann putzten und säuberten sie die Räume und Möbel und innerhalb weniger Stunden konnte das Haus wieder von einem menschlichen Wesen bewohnt werden. Die Frau, welche still geblieben war, sah die Schwestern mit großem Erstaunen und Zweifeln an und fragte sie dann ernst: »Liebt ihr mich noch immer?«

»Natürlich tun wir das«, sagte eine Schwester mit breitem Lächeln, »mehr denn je.« Sogleich leuchtete Gottes Liebe und erhellte das Gesicht der Dame mit einem seligen Lächeln.

Als Mutter Teresa 1971 in England war, gedieh in ihrem Kopf die Vorstellung, dass es eine gute Idee wäre, hier ein Noviziat zu errichten. Aber wo und wie? Nach langer Suche fand sie ein passendes Haus, aber der Mindestpreis, den der Eigentümer verlangte, war 9000 Pfund. Wie sollte sie eine so große Summe nur aufbringen? Ohne über das Für und Wider nachzudenken, erzählte Mutter Teresa dem Eigentümer, dass sie es für 6000 Pfund kaufen könne. Der Besitzer unterdrückte seine Überraschung und verhielt sich, als sei nichts geschehen.

Mutter Teresa hatte den festen Glauben, dass, wenn dieser Platz für die Schwestern geeignet war, die Heilige Mutter eingreifen würde. So nahm sie einige Madonna-Medaillen aus ihrem Beutel und deponierte sie dort. Einige Tage vergingen und während dieser Zeit änderte der Hausbesitzer seine Meinung. Seine Begründung: Auch wenn der angebotene Preis lachhaft niedrig sei, würde sein Haus, wenn er es an die Schwestern verkaufte, mit der Liebe Gottes erfüllt sein! Dieser Gedanke gab ihm eine Art von Erleichterung und Trost, die man mit Geld nicht kaufen könnte, und so informierte er Mutter Teresa darüber, dass er gewillt sei, ihr das Haus zu dem lächerlichen Preis zu verkaufen, den sie ihm geboten hätte.

Aber jetzt kam erst das Problem: Wo sollte die Summe von 6000 Pfund herkommen? Von Indien konnte es Mutter Teresa nicht herholen, aber wie sollte sie so viel Geld in England sammeln? Sie betete zur Heiligen Mutter und dann reiste sie, wie Maria es ihr gesagt hatte, einige Tage lang quer durch England. Sie erzählte jedem, den sie traf, dass sie sich wünschte, ein Noviziat in England zu eröffnen, und dass sie dazu etwas finanzielle Unterstützung benötigte. Als die Reise zu Ende war, zählte Mutter Teresa das Geld, das ihr in den Baumwollbeutel gefallen war, den sie trug: Es waren 5995 Pfund! Und so verstand sie, was Gott wollte, das sie tun sollte.

Dies war kein Einzelfall. Oft erlebten die Missionarinnen der Nächstenliebe, dass Gott mit seiner wunderbaren Vorsehung in die Angelegenheiten der Armen eingriff.

»Schaut auf die Vögel des Himmels: Sie säen nicht, sie ernten nicht und sammeln nicht in Scheunen und euer himmlischer Vater ernährt sie.« (Mt 6,26)

KAPITEL 16

Die Prüfung

1970 prüfte Gott Mutter Teresa auf eine Weise, wie sie nicht viele Menschen erlebt haben. Sie wusste zuerst nicht, dass es sich um einen ernsten Test handelte, der ihre Liebe für die Armen auf die Probe stellen sollte. Alles begann mit einem unerwarteten Brief von ihrer Schwester Aga, die ihr aus Tirana in Albanien schrieb:

»Der Gesundheitszustand unserer geliebten Mutter verschlechtert sich von Tag zu Tag. Ähnlich verhält es sich auch mit meiner Gesundheit. Unserer Mutter ist mittlerweile nur noch ein Verlangen geblieben. Sie möchte ihre lieben Kinder sehen, Agnes und Lazar, bevor sie stirbt.«

Mutter Teresa versuchte ihr Bestes, um diesen letzten Wunsch ihrer geliebten Mutter zu erfüllen, die sie 42 Jahre lang nicht gesehen hatte – seit ihrem Abschied am Zug in Zagreb im Oktober 1928. Der Herr Jesus war stets bei Mutter Teresa und in der Regel half er ihr, indem er beizeiten sogar Wunder vollbrachte, aber in diesem Fall überließ er sie sich selbst.

Freudig nahm Teresa die Einladung des Roten Kreuzes von Jugoslawien an und landete am Mittwoch, dem 8. Juni 1970, auf dem Flughafen von Belgrad. Sie befand sich auf dem Weg nach Jordanien, um dort in Amman ein Eingliederungszentrum für die Palästinenserflüchtlinge zu eröffnen. Sie reiste von Belgrad nach Prizren, der Heimat ihrer Vorfahren, und von dort nach Skopje, wo sie geboren worden war und das nur einige Meilen von Tirana entfernt war. Skopje war 1963 durch ein Erdbeben zerstört worden, das einer Vielzahl Menschen großes Leid gebracht hatte. Mutter Teresa besuchte den dortigen Bischof, kniete danach vor der Statue Unserer Lieben Frau in Letnice und betete, wie sie es als kleines Mädchen getan hatte. Sie erzählte Unserer Lieben Frau von ihrem großen Wunsch, ein Haus der Missionarinnen der Nächstenliebe in Skopje zu eröffnen.

Ihr Plan war, nach Tirana zu gehen, um dort ihre auf dem Sterbebett liegende Mutter zu sehen und damit deren letzten Wunsch zu erfüllen. Aber die kommunistische Regierung erlaubte es ihr nicht, nach Tirana einzureisen. Tief enttäuscht weinte Mutter Teresa und bot ihre unterwürfigen Tränen Gott an, um seinen süßen Willen zu erfüllen.

Nach dem Zweiten Weltkrieg hatte ihr einziger Bruder Lazar in Italien Zuflucht gesucht, nachdem er vor den Klauen der kommunistischen Regierung geflüchtet war. Ihre Mutter und ihre Schwester Aga wollten mit Lazar zusammen in Italien leben und versuchten mehrere Male vergebens, dorthin zu gelangen. Die kommunistische Regierung war unerbittlich und gab ihnen keine Visa, um Albanien zu verlassen. Diese Regierung hatte auch mehr als 2000 Gotteshäuser geschlossen und mehr als 300 für andere Zwecke missbraucht. Priester wurden schwer bestraft, wenn sie irgendeine religiöse Handlung ausübten oder nur besuchten. Mehr als 100 Priester verloren ihr Leben durch Verfolgung und Folter in Gefängnissen oder in Arbeitslagern.

Mutter Teresa schrieb mehrere Briefe an die albanische Regierung und bat um die Erlaubnis, ihr Heimatland zu besuchen, so dass es ihr möglich wäre, ihrer Mutter den letzten Wunsch zu erfüllen. Als Antwort auf ihre wiederholte Bitte bekam sie schließlich den folgenden Bescheid der kommunistischen Regierung:

»Ihnen wird gestattet, zu Ihrer Mutter zu gehen und sie zu sehen. Aber Sie werden danach keinesfalls ein Ausreisevisum erhalten, um Albanien zu verlassen.«

Und so, eingedenk der Armen in aller Welt, gab Mutter Teresa ihren großen Wunsch auf, ihre in Albanien sterbende Mutter, ihre geliebte Nonalok, zu sehen. Sie kehrte schließlich nach Kalkutta zurück, wo sie durch ein Telegramm erfuhr, dass ihre Mutter am 12. Juli 1972 in Arans, Albanien, gestorben war. Ihre Schwester Aga starb am 25. August 1973, ebenfalls in Tirana.

1990 gab es eine Veränderung im Auftreten der kommunistischen Regierung. Die Politik der Verfolgung wurde geändert, und der Wind begann sich zugunsten derer, die an Gott glaubten und eine Religion praktizierten, zu drehen. Als sofortigen Ausdruck hierfür erhörte die Regierung Mutter Teresas unterwürfige Bitte und gestattete, dass die Kirche zum Heiligsten Herzen von einem Kino wieder in ein Gotteshaus zurückverwandelt wurde. 1991 wurden zwei Einrichtungen der Schwestern in Tirana etabliert, eine für die Kranken und Verarmten und eine andere für geistig und körperlich behinderte Kinder. Der Präsident Albaniens selbst gab am 2. März 1991 die Erlaubnis zur Eröffnung des dortigen Hauses der Missionarinnen der Nächstenliebe.

Die Leute versammelten sich vor jenem ersten Konvent in Tirana und Mutter Teresa sagte zu ihnen: »Wir sind hierher gekommen, um Unserem Herrn und euch zu dienen. Aber wir benötigen etwas Zeit für alles. Lasst uns zuallererst wissen, was ihr dringend braucht, und dann wollen wir dementsprechend handeln.«

Die Regierung hatte den Schwestern zwei Gebäude übergeben, von denen eines der Franziskanerkongregation gehörte. Mutter Teresa bat die Regierung sogleich, das Gebäude jenem Orden zurückzugeben, in der Folge musste sich ihre Gemeinschaft mit einem anderen, vergleichsweise kleinen Gebäude zufrieden geben. Nichtsdestotrotz fanden sie dort eine große Anzahl Menschen, die wahrlich hungrig nach Gott waren.

Nach einiger Zeit gestattete die Regierung Mutter Teresa, sechs weitere Kirchen wieder zu eröffnen. In der Zwischenzeit hatte sie es auch geschafft, die Erlaubnis für die Wiedereröffnung einer früheren Moschee zu erhalten. Die Schwestern erhielten Einlass, säuberten sie gründlich, bevor sie sie an ihre muslimischen Brüder übergeben konnten, welche seit jeher Hand in Hand mit den Schwestern gearbeitet hatten. Im September 1991 nahm Albanien wieder Beziehungen mit dem Vatikan auf, die 1945 abgebrochen worden waren, und Erzbischof Ivan Dias von Bombay wurde der neue Nuntius für Tirana.

Es freute Mutter Teresa sehr, dass die Zweige ihrer Gemeinschaft sprossen, sich ausbreiteten und begannen, viele gute Früchte in Tirana, Skhodra, Durres, Korce und Puke zu tragen. Unser Herr zeigte ihr ein weiteres Zeichen Seiner Gnade, indem sie herausfand, dass sich eine unbekannte Person um die Gräber ihrer geliebten Mutter und ihrer lieben Schwester in Tirana gekümmert hatte. Etwas, das völlig unmöglich erschien, war im kommunistischen Land Albanien, wo die Katholiken heftig verfolgt worden waren, geschehen. Ohne die ausdrückliche Erlaubnis der Regierung war es niemandem möglich gewesen, von Ort zu Ort zu reisen, an einer Hochzeit teilzunehmen, einen Priester zu treffen, der Folter und Verfolgung überlebt hatte. Nun hatte sich all das geändert. »Nichts ist für Gott unmöglich!«, das war Mutter Teresas Kommentar.

Am 8. April 1976 gründeten die Schwestern eine Niederlassung nahe Santa Fe in Mexico, auf persönliche Bitte des amerikanischen Präsidenten. Dies sollte an einem abgelegenen Platz sein, relativ weit von der Stadt entfernt, wo Armut, Hunger und Krankheiten verschiedenster Arten die Menschen so im Griff hatten, dass sie kaum noch Leben in sich trugen. Die Schwestern kamen an, brachten, was sie konnten, waren aber sehr überrascht, als sie herausfanden, was die Leute wirklich wollten. Sie baten nicht um Essen, Arzneien und Kleidung, sondern sie waren hungrig nach Gottes Liebe. Sie sagten: »Schwester, bitte erzähle uns von der Liebe Gottes, denn es ist die Liebe Gottes, die dich hierher gebracht hat.« Was sie sagten, stimmte, denn Barmherzigkeit existiert nur, wenn auch die Liebe Gottes existiert.

Tatsächlich sagte Mutter Teresa, dass es die Liebe Gottes sei, welche die Schwestern zu allen möglichen Plätzen brächte. Wenn irgendwo eine Katastrophe geschieht, sei es ein Erdbeben, eine Dürre, Hungersnot, Flut oder ein Flüchtlingsstrom, erfahren die Schwestern sehr bald davon und eilen sofort zu diesem Ort. Sie finden heraus, was die Leute dringend brauchen, und geben ihnen alles Notwendige. Mitglieder anderer Gesellschaften oder Gemeinschaften, die sich mit Sozialarbeit und Wohlfahrt beschäftigen, reichen den Schwestern ihre helfende Hand und manchmal organisiert die Regierung des Landes Hubschrauber, um die Hilfe zu beschleunigen. Jedermann tut, was er kann, damit die Betroffenen das Lebensnotwendigste erhalten.

Der fürchterliche Taifun und die Flut im Mai 1991 in Bangladesh beispielsweise brachten eine gewaltige Welle der Zerstörung mit sich. Nahezu 30 000 Menschen kamen dabei ums Leben. Zu jener Zeit erholte sich Mutter Teresa gerade von einer Herzattacke, aber sie ignorierte die Anweisungen ihres Arztes, eilte nach Bangladesh und sammelte einige Medikamente, welche die Menschen dort dringend benötigten. Der Premierminister von Bangladesh, Begim Khalida, half ihr dabei. Die Medien leisteten eine gute Berichterstattung, und alle Arten von Hilfe aus allen Ecken der Welt erreichten den Ort der Katastrophe.

Mutter Teresa schrieb mehrere Briefe an Michail Gorbatschow, aber sie erhielt lange Zeit keine Erlaubnis, in das kommunistische Land einzureisen. Am 7. Dezember 1988 änderte sich dies, als ein verheerendes Erdbeben in Armenien stattfand und eine grauenhafte Zerstörung und viel Elend zurückließ. Mutter Teresa eilte dorthin, um dringende Unterstützung zu leisten, indem sie alles sammelte, was sie an Arzneien, Kleidern und Ausrüstung bekam. Später wurde alles viel leichter und mittlerweile besitzen die Missionarinnen der Nächstenliebe 15 Zentren in der früheren Sowjetunion.

Selbst als es für eine christliche Gemeinschaft nahezu unmöglich war, in das nördliche Äthiopien zu gelangen, zu einer Zeit, als Hunderte täglich an furchtbarer Dürre und Hungersnot starben, schaffte es Mutter Teresa, ein Treffen mit der Tochter von Kaiser Haile Selassie zu arrangieren. Sie fragte die Prinzessin, »Werdet Ihr diese Woche nicht das 43. Jubiläum der Krönung des Kaisers feiern? Würdet Ihr bitte Euren Vater informieren, dass meine Schwestern und ich bereit sind, als Teil dieser Feier den leidenden Menschen Äthiopiens zu helfen?«

Die Prinzessin berichtete ihrem Vater, was Mutter Teresa gesagt hatte, und er wiederum schickte eine Delegation zu ihr, die versuchte, sie mit Fragen zum Schweigen zu bringen. Aber sie versagte. Mutter Teresa sagte einem Abgeordneten, was er dem Kaiser ausrichten solle: »Wir erwarten nichts von der Regierung. Wir geben von ganzem Herzen unseren kostenlosen Dienst an die Ärmsten der Armen, und indem wir inmitten der armen leidenden Menschen arbeiten, tragen wir Mitleid und zärtliche Liebe zu den Unerwünschten und Ungeliebten.« Er fragte zurück: »Predigt ihr zu den Leuten mit der Absicht, sie zu bekehren?«

Sie entgegnete: »Das ist nicht unsere Absicht, aber unsere Werke der Liebe enthüllen den leidenden Armen die Liebe, die Gott für sie hat.«

Am nächsten Tag gewährte der 80 Jahre alte Kaiser Mutter Teresa eine Audienz und sagte zu ihr: »Ihr tut gute Werke. Auch ich habe von ihnen gehört. Daher bin ich sehr froh, dass Ihr gekommen seid. Ja, lasst Eure Schwestern nach Äthiopien kommen.« Und so begannen die Einrichtungen der Missionarinnen der Nächstenliebe ihre bescheidene Arbeit in Addis Abeba in Äthiopien und später wurden Zweigstellen in Alamanta, Mek'ele und Gambella eröffnet. Auch Missionare der Nächstenliebe begannen 1986 ihre Arbeit in Addis Abeba und später wurde ein Haus in Gondar gegründet.

Drei Zentren sind in Rom gegründet worden, das erste davon wurde 1980 in der Via Casilina eingeweiht, ein weiteres im gleichen Jahr in Primavalle und ein drittes 1990 in Torre Bella Monacca.

Mutter Teresa war davon überzeugt, dass es selbst im Schatten von Sankt Peter etliche sehr arme Menschen gab und dass die Notwendigkeit bestand, ein Haus selbst im Vatikan zu errichten, was sie Seiner Heiligkeit, Papst Johannes Paul II., erzählte. Als sie das nächste Mal den Vatikan besuchte, erinnerte sie der Papst daran. Im Gegenzug versprach er, die Sache zu koordinieren und gab die Anweisung, einen geeigneten Platz zu finden, weil, wie der Papst selbst sagte, »Mutter Teresa wieder hierher kommen wird, und sie wird nicht vergessen, mich an diese Angelegenheit zu erinnern«. So hatte der Papst vor ihrem vierten Besuch im Vatikan entschieden, ihr ein wunderschönes Haus zu geben, das nahe der Audienzhalle, in welcher er seine Gäste willkommen heißt, stand. Als Mutter Teresa vor ihm niederkniete, um seinen Segen zu empfangen, übergab er ihr den Schlüssel zu dem neuen Heim der Gemeinschaft im Vatikan. So beschrieb Mutter Teresa dieses Ereignis ihren Freunden: »Unsere Armen erhielten sogar im Vatikan einen Platz. Von jetzt an werden allein sie ohne eine Eintrittskarte den Vatikan betreten dürfen.«

Cassadona Di Maria, so lautet der Name des neuen Gebäudes, und dort können alte Frauen die Nacht verbringen. Täglich um 18 Uhr wird die Tür geöffnet. Jene, die draußen Schlange stehen, werden eine nach der anderen hereingelassen und erhalten ihr Abendbrot. Schwester Dorothy, welche die Verantwortung für Cassadona Di Maria trägt, erzählt:

»Wir mussten nahezu alles ohne Geld beschaffen. Anfangs pflegten wir zum Markt zu gehen und etwas Gemüse, Fisch oder Fleisch zu erbetteln. Dann erfuhren die Leute, was wir damit machten. Danach begannen sie, uns zu schicken, was auch immer wir brauchten.

Überdies gibt es genügend Mitarbeiter oder Freiwillige, die kommen, um uns zu helfen. Recordo ist einer von ihnen. Er ist Flugbegleiter der Alitalia. Er kann nach jedem Flug für zwei oder drei Tage lang fort. Den Löwenanteil seiner Freizeit verbringt er damit, uns in Cassadona Di Maria zu helfen.«

»Ein großes Wunder, das eigentlich gar kein Wunder ist!«, war Mutter Teresas Kommentar.

Eines Abends während einer kalten, feuchten Wetterperiode läutete jemand an der Tür der Cassadona Di Maria. Schwester Dorothy öffnete. Sie sah einen jungen Mann von etwa 16 oder 17 Jahren. Er war nass und zitterte vor Kälte. Er fragte: »Schwester, ich bin aus Mauritius. Würdet Ihr mit bitte einen Mantel oder eine Jacke geben, so dass ich mich vor der grimmigen Kälte schützen kann?«

Bevor sie antworten konnte, entdeckte sie einen großen Beutel voll Kleider ganz in der Nähe der Tür. Obenauf lag eine weiße Jacke. Auf diese zeigend sagte Schwester Dorothy zu ihm: »Bitte nimm sie und schau, ob sie passt oder nicht.« Der junge Mann nahm sie und zog sie an. Sie passte perfekt, als sei sie für ihn gemacht. Der junge Mann und die Schwester schauten sich an und lächelten zufrieden.

In der Tat wusste Schwester Dorothy nicht einmal, wer diese Kleidung für die Armen dagelassen hatte. Ein weiteres kleines Wunder, aber auch ein gewöhnlicher Vorfall der Art, wie er sich jederzeit in jeder Einrichtung der Missionarinnen der Nächstenliebe zutragen kann. Kleidung, Essen, Geld – alles taucht ohne das Wissen von irgendjemandem aus dem Nichts auf, wenn die Armen es dringend brauchen.

Die Schwestern in Rom pflegten nach den verlassenen Mittellosen zu suchen. Wenn sie sie fanden, gaben sie ihnen alle erdenkliche Hilfe. Eines Tages fanden sie einen alten Mann, der lange Zeit alleine in einem Zimmer gelebt hatte. Nach einigen Tagen bat er sie: »Schwestern, ihr habt Gott mit euch gebracht! Jetzt bitte ich euch, mir einen Priester zu bringen.«

Der Zustand des alten Mannes beschleunigte die Schritte der Schwestern und sie holten den Priester sofort. Der Mann bereitete sich auf eine große Beichte vor und begann, seine Seele mit Tränen der Reue reinzuwaschen. Dann legte er die Beichte ab, von der er glaubte, dass sie seine letzte sein könnte. Er hatte 60 Jahre lang nicht gebeichtet.

Am nächsten Tag fiel er mit großer Freude und Befriedigung in einen tiefen Schlaf, aus dem er nicht mehr erwachte. Durch die rechtzeitige Hilfe eines Priesters erreichte er den Himmel wie der gute Dieb, der zur Rechten des Kreuzes hing, an dem Jesus war.

»Wer aber die Wahrheit tut, kommt zum Licht, damit offenbar wird, dass seine Taten in Gott vollbracht sind.« (Joh 3,21)

KAPITEL 17

Mutter Teresas letzte Jahre

Seit 1979 arbeiteten Priester mit den Missionarinnen der Nächstenliebe zusammen. Pater Joseph Langford hatte Mutter Teresa die Idee unterbreitet, dass diese Priester die vier Gelübde der Brüder und Schwestern der Missionare der Nächstenliebe ablegen sollten, aber es dauerte einneinhalb Jahre, bevor sie überzeugt war, dass dies der Wille des Allwissenden Gottes sei. Sie befand sich zu jener Zeit in Haiti und verbrachte anschließend vier Tage mit Pater Langford in einem Meditationshaus in der Bronx und schrieb die Statuten für die priesterlichen Mitarbeiter, um sie dem Papst präsentieren zu können.

Von der Bronx flog sie nach Rom, um dort die 202 Bischöfe zu treffen, die sich 1980 für die Synode eingefunden hatten. Sie sagte:

»Ich bin es nicht wert, in Gegenwart des Heiligen Vaters und der Bischöfe zu sprechen, aber ich habe die Einladung akzeptiert, hierher zu kommen, um die Bitte all derer zu überbringen, die von der Gesellschaft ausgestoßen worden sind: die Leprakranken, die Armen, die Sterbenden, die Kranken, die Vergessenen und die Verlassenen. Sie haben mich gebeten, Ihnen zu sagen, dass sie heilige Priester brauchen.«

Am 26. Juni 1981 schrieben ihr seine Eminenz Silvio Kardinal Oddi und Erzbischof Maximino Romero, der Präfekt und Sekretär des Heiligen Dikasteriums (Zentralbehörde der Kirchenverwaltung):

»Ich wünsche von ganzem Herzen die Bewegung ›Priesterliche Mitarbeiter von Mutter Teresa‹ zu unterstützen … Es ist zu loben, dass die Absicht der Bewegung, namentlich, das Evangelium voll und ganz in größerer Einfachheit und Armut des Geistes, innerhalb des Kontextes ihres eigenen Dienstes und ihrer priesterlichen Berufung zu leben, indem sie spirituell teilhaben an dem Charisma und dem Geist, den Gott der universellen Kirche durch Mutter Teresa gegeben hat …«

Pater Langford hatte aufgeschrieben, wie die priesterlichen Mitarbeiter zusammenleben, wie sie Jesus dienen sollten, der in den Ärmsten der Armen gegenwärtig ist, und Mutter Teresa zeigte dieses Schriftstück nun dem Heiligen Vater. Obwohl es für einen Papst nicht üblich war, irgendetwas hier und jetzt zu unterzeichnen, unterschrieb er bereitwillig das Papier und schrieb darauf: »Mit meinem Segen, Johannes Paul II., 17. August 1983.« Er bewilligte aber nicht nur die Ausbildung der priesterlichen Mitarbeiter, sondern fragte auch, ob er das erste Mitglied dieser Kongregation werden könne.

Am 1. Oktober 1983 begründete Pater Langford zusammen mit zwei weiteren Brüdern die Kongregation und begann, in einem Haus in der Bronx zu arbeiten, welches der New Yorker Kardinal Cooke zur Verfügung gestellt hatte. Er begann, ein neues Leben zu führen, das angefüllt war mit tiefem Gebet, Einfachheit und Barmherzigkeit.

Am 3. Oktober 1983 verkündete Mutter Teresa offiziell: »Jetzt haben wir Patres der Missionare der Nächstenliebe in New York. Dies ist ein besonderes Geschenk, das uns von Gott gegeben ist.« Nach und nach wuchs die Bewegung der priesterlichen Mitarbeiter und verteilte sich über 60 Länder, wo Priester Jesus liebten und pflegten, der in den Ärmsten gegenwärtig ist.

Aber all dies geschah erst nach einem weiteren wichtigen Ereignis in Mutter Teresas Leben. In der Nacht des 2. Juni 1983, während sie sich im Konvent von San Gregorio in Rom aufhielt, brach Mutter Teresa zusammen und fand sich bald darauf im Salvator-Mundi-Hospital wieder. Dr. Vincenzo Bilotti, ein bekannter Herzspezialist, untersuchte sie und fand heraus, dass sie unter schweren Herzproblemen litt. Sie wünschte sofort in den Konvent zurückzukehren, aber das konnte ihr nicht gestattet werden. Tatsächlich wies Papst Johannes Paul II. sie per Telefon an: »Die gesamte Welt braucht dich, also bitte gestatte dir eine Pause.«

Mutter Teresa gehorchte ihm, sagte all ihre Pläne ab und blieb im Hospital. Das Einzige, was sie nun tun konnte, war, für den Herrn Jesus ein wenig zu leiden, und so bestand sie darauf, dass sie keinerlei schmerzlindernde Mittel nehmen würde. In der Zwischenzeit beteten Tausende Menschen auf der ganzen Welt für ihre Genesung, wofür Mutter Teresa sehr dankbar war.

Sobald der Arzt ihr Besucher erlaubte, kamen der König und die Königin von Belgien zu ihr, um sie zu trösten. Der Präsident von Indien und viele andere Menschen sandten ihr Blumen und Karten. Am 10. Juni wurden ihr sieben wunderschöne Rosen geschickt, die stellvertretend waren für die sieben an jenem Tag neu eröffneten Einrichtungen der Missionare der Nächstenliebe. Absender war niemand Geringeres als der amerikanische Präsident Ronald Reagan. All diese Bezeugungen der Liebe und Zuneigung statteten sie mit neuer Lebensenergie aus, so dass sie nicht länger im Bett verweilen konnte. So saß Mutter Teresa vor der Statue Unserer Heiligen Mutter, öffnete die Bibel und las den Vers: »Ihr aber, für wen haltet ihr mich?« (Mt 16,15), dann schrieb sie vier Seiten mit Meditationspunkten über diesen Vers, die für den künftigen Gebrauch der Brüder und Schwestern gedacht waren.

Später erzählte sie den Schwestern: »Wir sollten stets bereit sein, zu handeln gemäß der Entscheidung, die der Allwissende Gott über jede Einzelne von uns getroffen hat, was immer diese auch sein mag.« Die Ermahnung: »Diene weiterhin Jesus, der gegenwärtig ist in jedem leidenden Menschen«, schien ihre Entscheidung in Bezug auf sich selbst zu sein. Obwohl sie schlimme Rückenschmerzen plagten, führte sie ihren Plan durch, Deutschland, Polen, Belgien und die Vereinigten Staaten zu besuchen.

Bevor Mutter Teresa das Krankenhaus verließ, gaben ihr die Ärzte ein Programm mit auf den Weg, das sie genauestens befolgen sollte, und sie übergaben sie der Fürsorge und Verantwortung von Schwester Gertrude. Laut der ärztlichen Anweisung war es Mutter Teresa sogar verboten, auch nur ein Kleinkind in ihren Händen oder auf ihren Schultern zu tragen. Es war ihr auch nicht erlaubt, öffentliche Auftritte wahrzunehmen oder irgendeine anstrengende Arbeit zu verrichten. Schwester Gertrude war es gewohnt, Mutter Teresa zu gehorchen, aber nun musste Mutter Teresa Schwester Gertrude gehorchen, und ihrer Anweisung folgend, gab sie den Plan auf, im Juni Großbritannien zu besuchen.

Als Mutter Teresa in Rom bettlägerig war, schrieb und sang sie ein Lied, aber dann zerriss sie es und warf es in den Abfallkorb. Sie wusste nicht, dass eine gewisse Schwester Stella Manippadam es herausnehmen und behalten sollte, um es dem wissbegierigen Autor dieses Buches zu geben:

Jesus, du bist mein Gott
Jesus, du bist mein Gemahl
Jesus mein Leben, meine Liebe, mein Alles in Allem
Jesu Wort soll gesprochen werden
Jesu Wahrheit soll erzählt werden
Jesu Liebe soll geliebt werden
Jesu Licht soll entfacht werden
Jesu Freude soll geteilt werden
Jesu Frieden soll gegeben werden
Du bist Gott, Gott von Gott
Erzeugt, nicht gemacht

Während dieser Zeit plagten Mutter Teresa einige Sorgen, obwohl sie damit beschäftigt war, neue Häuser zu eröffnen und Schwestern zu finden, die sie führten. Aber die Gedanken an die Armut in kommunistischen Ländern, wo die Menschen nicht nur materiell, sondern auch seelisch sehr arm waren, peinigten Mutter Teresa am meisten. Einige hatten noch nie gehört, dass Gott unser Vater ist und dass Er alle Menschen auf der Erde liebt.

»Habe ich nicht eine Verpflichtung, ihnen ein kleines Licht zu zeigen, um sie vor der Finsternis solchen Unwissens zu retten?«, überlegte sie. »Wie lang soll ich unter dem Vorwand meiner armen Gesundheit noch müßig dasitzen? Wie kannst du in einem Stuhl sitzen, wenn du im Feuer gefangen bist?« Und so machte sie sich auf den Weg und eröffnete im Dezember 1983 ein neues Haus in Karl-Marx-Stadt, dem heutigen Chemnitz, in Ostdeutschland. Dann, als Antwort auf die Bitte von Kardinal Joseph Glemp, besuchte sie 1984 Polen, bevor sie sich jedoch wieder ins Salvator-Mundi-Hospital zurückziehen musste.

Mutter Teresa zählte oft die Segnungen, die dank Gottes Gnade den Brüdern und Schwestern der Missionare der Nächstenliebe zuteil wurden. Es war seine Gnade, dass sie bereits 1984 vier Millionen Leprakranke durch inzwischen mehrere mobile Kliniken behandeln konnten, Essensrationen an 106 271 Bedürftige verteilt hatten, über Hilfszentren insgesamt an 51 580 Menschen warmes Essen ausgegeben hatten, 13 246 sterbende Mittellose nach Nirmal Hriday bringen und dort pflegen und 8627 Menschen vor einem bevorstehenden Tod retten konnten. Und in ihren 102 Shishu Bhavans wurden mittlerweile mehr als 6000 Kleinkinder umsorgt.

Mutter Teresa war für all dies sehr dankbar. Sie dankte nicht nur Gott, sondern auch den Hunderten von Mitarbeitern und Freiwilligen, die den Brüdern und Schwestern in all ihren Arbeiten mit großzügiger Hilfe zur Seite standen.

Ebenfalls im Jahre 1984 erhielt sie Unterstützung einer Gemeinschaft von Ärzten in Rom. Äußerst bescheiden bat sie:

»Medizin ist ein von Gott gegebenes Geschenk und ein Segen. Behalten Sie das im Geiste, die Patienten sollen geliebt und vor Gott und den Menschen respektiert werden. Die kranken und leidenden Menschen brauchen kein Mitleid, sie brauchen unsere Liebe und unser Mitgefühl. Weil die Kranken, die Einsamen und die Behinderten zu Ihnen hoffnungsvoll kommen, müssen sie von Ihnen zärtliche Liebe und Mitgefühl erhalten.«

Mit der Gnade Gottes boten sich die meisten der dort versammelten Ärzte bereitwillig an, Mitglieder der medizinischen Mitarbeiter der Missionare der Nächstenliebe zu werden. Daraufhin schrieb Mutter Teresa einen Brief an alle Mitarbeiter ihres Ordens auf der ganzen Welt, in dem sie einen Herzenswunsch formulierte:

»Ich bitte euch, ihr Ärzte in den verschiedenen Ländern, und halte dabei meine Hände gefaltet, nicht ausschließlich die materiellen Ziele anzustreben, sondern etwas von eurer kostbaren Zeit dafür zu geben, das Los der Armen zu verbessern.«

Sie betraute Dr. Francesco Di Raimondo, einen leitenden Arzt am Lazzaro-Spallanzi-Hospital in Rom, und seine Frau Gabriella damit, verantwortlich für die internationalen Verbindungen zu den medizinischen Mitarbeitern zu sein, was sie auf wahrhaft lobenswerte Weise taten. Ohne jegliche Diskriminierung auf Grund von Kaste, Konfession oder Hautfarbe verpflichteten sich Ärzte, Krankenschwestern, Pharmazeuten aus verschiedenen Teilen der Welt zu einem professionellen Gesundheitsdienst. Freudig traten sie der Gruppe der medizinischen Mitarbeiter bei und boten gratis ihre wertvollen Dienste an, um den Missionaren der Nächstenliebe zu helfen. Innerhalb von vier Jahren breitete sich diese Gemeinschaft über die gesamte Welt aus und wurde eine Quelle der Stärke und des Schutzes für die Kranken und Fallengelassenen.

Am 31. Oktober 1984 wurde Mutter Teresas geliebte Freundin, Premierministerin Indira Gandhi, ermordet, und Mutter Teresa musste nach Indien zurückkehren, um für sie zu beten und an ihrer Bestattung teilzunehmen. Sie hatte es sich auch zur Aufgabe gemacht, unter den Sikh-Flüchtlingen zu arbeiten, die wegen der Gewalt, die nach der Ermordung gegen sie gerichtet war, Hilfe brauchten.

Als die Weihnachtszeit näher rückte, erfuhr Mutter Teresa von der fürchterlichen Hungersnot in Afrika. Sie selbst hatte zu jener Zeit leichtes Fieber, reiste aber trotzdem dorthin. Die Missionare der Nächstenliebe besaßen in Afrika fünf Häuser. Mit der Unterstützung der dortigen Schwestern konnte die Hungerhilfe koordiniert werden. In Addis Abeba traf sie den Rocksänger Bob Geldof, der ihr für die Hungerhilfe in Äthiopien sechs Millionen Pfund spenden konnte, die er durch seine Rockmusik eingespielt hatte. Mutter Teresa war ihm zutiefst dankbar.

Am 20. Januar 1985 kam Mutter Teresa zum ersten Mal nach China. Die Schwestern hatten Häuser in Macao, Südkorea und Hongkong und Mutter Teresa verbrachte einige Tage in Macao und Korea, bevor sie nach Hongkong und dann nach China weiterreiste. Ein weiteres Nirmal Hriday wurde in Hongkong in einem von der Regierung überlassenen Gebäude gegründet.

Die chinesische Regierung war der Auffassung, dass es in China keine armen Menschen gäbe, aber Mutter Teresa besuchte ein Altenheim in Peking sowie eine Fabrik für behinderte Arbeiter, wo sie Gottes Liebe verteilte und ihnen Trost und Stärkung gab.

Da es in China keinen Konvent gab, in dem sie die Nacht verbringen konnte, wie sie es sonst auf Reisen normalerweise tat, musste sie stattdessen in ein mehrstöckiges Hotel gebracht werden. Von dort aus betete sie für all ihre chinesischen Brüder und Schwester, besonders für die Armen unter ihnen.

Einen Besuch, den sie im März 1987 in Japan machen wollte, musste Mutter Teresa absagen. Wegen ihres Herzproblems wurde ihr das Reisen nicht erlaubt und in ihrer Nachricht an die Menschen dort sagte sie, dass sie sich »gegenseitig lieben« sollten, »wie Gott jeden Einzelnen liebt«. Als ihr das Reisen wieder gestattet wurde, wurden neue Häuser in Afrika, Kuba und Russland eröffnet.

Ab 1989 begann sich Mutter Teresas Gesundheit beträchtlich zu verschlechtern. Sie musste Vertreter zu den Orten schicken, welche sie zu besuchen versprochen hatte. Aber in dem Moment, in dem sie wieder reisen durfte, flog sie am 18. Juni 1989 mit fünf Schwestern nach Budapest und daraufhin wurden in Ungarn Zweigstellen der Schwestern in Erd und Budapest gegründet. Als sie im Juli nach Kalkutta zurückkehrte, diskutierte sie mit ihren Schwestern, wie sie den Verarmten in Peru, der Schweiz und Albanien helfen könnten, und sie trafen Vorbereitungen, schnellstmöglich ein Haus der Missionarinnen der Nächstenliebe in Albanien zu eröffnen.

Am 3. September 1989 verschlechterte sich Mutter Teresas Gesundheitszustand erneut. Hohes Fieber, Übelkeit, Brustschmerzen und Ermüdung steigerten sich so sehr, dass sie am 5. September um die Letzte Ölung bat. Sie wurde ins Woodlands-Schwesternheim in Kalkutta gebracht, am 8. September verschlechterte sich ihr Zustand weiter. Der Heilige Vater, Papst Johannes Paul II., schickte ihr eine Nachricht:

»Dich der Fürsprache unserer liebenden Mutter Maria empfehlend, Hilfe der Kranken, übermittle ich dir herzlich meinen besonderen Apostolischen Segen als Unterpfand der Stärke und des Trostes in Unserem Herrn und Erlöser, Jesus Christus.«

Ähnliche Nachrichten der Sympathien, Gebete und Segenswünsche erreichten sie von Indiens Präsidenten, Venkaitaraman und Premierminister Rajiv Gandhi. Sie alle übermittelten sowohl ihren Trost als auch ihre Aufmunterung.

Bald erreichte Dr. Vincenzo Bilotti, der sie in Rom behandelt hatte, Kalkutta. Er setzte einen externen Herzschrittmacher ein und brachte so ihren unregelmäßigen Herzschlag unter Kontrolle. Mutter Teresas Nichte Aggi kam, um sie zu sehen, und ihre enge Freundin Ann Blaikie flog nach Kalkutta, umarmte sie mit Tränen in den Augen und tröstete sie. Rajiv Gandhi kam ebenfalls, zusammen mit anderen wichtigen Leuten. Das Leiden von Mutter Teresa brachte die gesamte Welt zum Gebet.

Durch die Gnade Gottes wurde sie am 14. Oktober aus dem Hospital entlassen, aber am 29. November wurde sie erneut eingewiesen. Ein permanenter Herzschrittmacher wurde eingesetzt und erst am 11. Dezember wurde sie wieder entlassen, mit der strikten Weisung, ihre Arbeitslast einzuschränken.

Präsident Yassir Arafat traf sie am 28. März in Kalkutta und lud sie ins Heilige Land ein. Er bat sie, »Tod mit Würde«-Heime, ähnlich dem Nirmal Hriday, in Jerusalem und Bethlehem zu eröffnen. Er versprach ihr auch 50 000 Dollar dafür, aber sie wusste nicht, was sie tun sollte, da sie so krank war. Sie schrieb dem Heiligen Vater:

»Wegen gesundheitlicher Gründe ersuche ich hiermit um meinen Rücktritt als Generaloberin der Missionarinnen der Nächstenliebe. Seid so freundlich, mir die Erlaubnis zu geben, meine Nachfolgerin selbst wählen zu dürfen, so dass die Arbeit der Gemeinschaft ohne Unterbrechung fortgesetzt werden kann.«

Am 11. April 1990 akzeptierte der Papst widerwillig Mutter Teresas Rücktritt, und bevor die Wahl ihrer Nachfolgerin abgehalten wurde, schrieb sie einen Brief an alle Mitglieder der MC-Familie – Schwestern, Brüder, Priester und Mitarbeiter.

»Dies bringt euch mein Gebet und meinen Segen für jeden Einzelnen von euch – meine Liebe und Dankbarkeit an jeden Einzelnen von euch, denn ihr alle seid dazu da gewesen und habt all diese 40 Jahre die Freude geteilt, sich gegenseitig und die Ärmsten der Armen zu lieben ... Wir sind nichts. Gott hat Seine Größe gezeigt, indem er uns Nichtswürdige benutzte und Wunder tat ... Lasst uns annehmen, was auch immer er gibt, und gebt mit einem Lächeln, was auch immer er nimmt ...«

Aber was sie an die Schwestern geschrieben hatte, kam wie ein Bumerang zurück, als die Schwestern Mutter Teresa wieder wählten. Sie war damals bereits 80 Jahre alt, aber sie überlegte, dass sie geben musste, was auch immer er nahm. Der Heilige Vater und alle anderen waren darüber sehr glücklich. Mutter Teresa beugte sich dem Willen des Herrn Jesus und wiederholte, was sie dem US-Senator gesagt hatte: »Gott hat mich nicht gerufen, um erfolgreich zu sein. Er hat mich gerufen, um gläubig zu sein.«

»Wer hat je deinen Willen erkannt, wenn du nicht die Weisheit gabst und aus der Höhe deinen Heiligen Geist sandtest?« (Weisheit 9,17)

KAPITEL 18

Das Wunder der Missionarinnen der Nächstenliebe

Es war der Herr Jesus, darauf bestand Mutter Teresa, welcher das Bild der Missionarinnen der Nächstenliebe (MC) mit einem Bleistift, der Mutter Teresa war, zeichnete. 1990 blickte sie auf das Bild und befand es in der Tat für wundervoll.

Zuerst sah sie das Wunder der Zahl an Bewerbungen für die Missionarinnen der Nächstenliebe, die täglich anstieg. 1990 waren es 3068 Schwestern, die ihre ewigen Gelübde abgelegt hatten, 454 Novizinnen und 140 neue Kandidatinnen sowie Noviziate nicht nur in Kalkutta, sondern auch in Manila, Rom, Polen, San Francisco, Tabora und Tansania. Überdies noch ein Noviziat in New York, speziell für den kontemplativen Zweig des Ordens. Konvente der Missionarinnen der Nächstenliebe – mehr als 400 – gab es in 90 Ländern. Seit Februar 1965 standen die Missionarinnen unter der direkten Kontrolle des Papstes, was ihnen die Mitgliederwerbung und das Wachsen erleichterte.

Die Brüder der MC besaßen ebenfalls Noviziate, unter anderem in Kalkutta, Vijayawada, Manchester, Los Angeles, Seoul und Manila. Bruder Andrew verließ im November 1987 die Gemeinschaft, ging in seine Heimat Australien zurück und beteiligte sich an anderen missionarischen Aktivitäten. Bruder Geoff wurde an seiner statt zum Generaloberen gewählt. Zu dieser Zeit gab es 380 Brüder in 82 Häusern in 26 Ländern, die ähnliche Arbeit wie die Schwestern verrichteten.

Die 1983 neu gegründete Gemeinschaft der »Väter der Missionare der Nächstenliebe« war immer noch relativ klein, hatte aber in etlichen Ländern Wurzeln geschlagen. Unter der besonderen Führung von Pater Joseph Langford verrichteten sie wundervolle Arbeit in Tijuana, Mexiko. 1989 zählten sie neun Priester und 33 Seminaristen.

Mutter Teresa war sehr glücklich darüber, dass es 1990 auf der Welt mehr als drei Millionen Mitarbeiter gab, die kleine Dinge mit großer Liebe taten, wie die Brüder und Schwestern. Diese Mitarbeiter sind Menschen, die einen Teil ihres Lebens und Geldes dem Orden spenden, wo immer sie ihn finden. 1981 hatte Mutter Teresa die »Jungen Mitarbeiter« gegründet und immer an ihre große Kraft und Fähigkeiten geglaubt, um »den unendlichen Durst von Jesus nach Liebe zu stillen«. Auch darüber war sie glücklich, dass die 1984 gegründeten »Medizinischen Mitarbeiter« sich bereits 1990 auf allen 5 Kontinenten der Nächstenliebe verschrieben hatten.

1989 entstand ein weiterer Zweig, die Laienmissionare der Nächstenliebe, denen Laien, verheiratet oder unverheiratet, beitreten konnten. Sie leben in Übereinstimmung mit dem Lebensstand eines jeden Einzelnen, halten das Gelübde der Keuschheit (der ehelichen Keuschheit im Falle verheirateter Mitglieder), des Gehorsams sowie des kostenlosen Dienstes an den Armen. Sie nehmen als ihr Lebensmodell die Heilige Familie von Nazareth. Davon abgesehen leben und arbeiten sie mit dem Ansporn, anderen Mitarbeitern der Gegend, in der sie wohnen, ein erbauendes Beispiel zu geben.

Selbst in den kommunistischen Ländern, in denen die Existenz Gottes so lange hartnäckig geleugnet worden war, haben die Missionare der Nächstenliebe die Liebe Gottes verbreitet. Fünf Konvente begannen während des Sommers 1990 in der Sowjetunion zu wirken: je zwei in Moskau und Armenien sowie einer in Georgien. Am 30. April 1990 öffneten die Schwestern in Bukarest in Rumänien ein Heim für an Aids leidende Kinder und am 13. Mai begannen zwei Konvente ihre Arbeit in der damaligen Tschechoslowakei. Mutter Teresa war, nachdem sie etwas Land erworben und einen Konvent in Tirana eröffnet hatte, dem Ort, wo ihre geliebte Mutter und ihre Schwester Aga gestorben waren, mit Gottes Gnade in der Lage, die Mittellosen zu versorgen und zu pflegen. Die an Gott glaubenden Menschen drängten sich, um Mutter Teresa zu treffen, und sie erklärte: »So wie wir es überall auf der Welt tun, sind wir auch hierher gekommen, um euch zärtliche Liebe und Fürsorge zu geben. Wir werden langsam beginnen und herausfinden, was euer größtes Bedürfnis ist.«

Nicht lange und sie brachte von Rom einige Schwestern mehr nach Albanien und öffnete dort drei weitere Häuser. Ramis Alia, der Präsident von Albanien, war so zufrieden mit dem bescheidenen Dienst der Schwestern, dass er Mutter Teresa 1992 die albanische Staatsangehörigkeit gewährte sowie die Erlaubnis zu kommen und zu gehen, wann immer sie wollte.

Auf Kuba existieren ebenfalls vier Konvente und niemand Geringerer als der Präsident dieses Landes höchstpersönlich, Fidel Castro, bat Mutter Teresa, drei weitere zu eröffnen. Im Distrikt von Josephstown ermöglichte der Allmächtige Gott den Schwestern, Älteren, Invaliden, geistig oder körperlich Behinderten oder den Heimatlosen täglich eine Mahlzeit zu geben. Mutter Teresa bat stets jeden, den sie traf, zumindest eine arme Person pro Tag zu speisen. »Vergiss nicht«, sagte sie, »dass Gott dich hundertfach belohnt, wenn du etwas fortgibst, das Gott dir frei gegeben hat.«

1992 kam eine Bitte aus Bagdad, den leidenden Armen Hilfe zukommen zu lassen wegen des furchtbaren Krieges im Irak. Die Schwestern gingen sofort dorthin und begannen, den Menschen zu helfen, die mit Hungersnot, Dürre, Krankheit und allen anderen Missständen eines Krieges konfrontiert waren. Durch den Segen Gottes fanden sie einen passenden Platz im Herzen von Bagdad selbst. Sie hatten den Platz gerade erst gesäubert, als er auch schon mit unterernährten und verkrüppelten Kindern und sterbenden Mittellosen gefüllt wurde. Mutter Teresa schrieb am 23. Juni jenes Jahres: »Überall gibt es so viel Leid! Ich dachte nie, dass unsere Anwesenheit Tausenden von Menschen so viel Freude geben würde.«

Es gab viele Alte und Kranke und solche, die aufgrund des Krieges nicht mehr gehen konnten. Wie konnten die Schwestern das Notwendige bekommen, um ihnen zu helfen? Dieses Problem wurde gelöst, als die Regierung ihnen ein Fahrzeug gab, das sie als mobile Klinik und zur Übergabe von Nahrung, Wasser und Medikamenten an die Bedürftigen nutzen konnten.

Mutter Teresa schrieb ihren Brüdern und Schwestern:

»Gebt, was immer Gott will, und akzeptiert mit einem Lächeln, was immer er gibt. Das ist, was ich mit vollkommener Aufgabe meine. Daher lasst uns uns selbst leer machen, so dass er uns mit sich selbst und seiner Liebe füllen kann. Dann werden wir frei sein. Ich bitte euch nur um eine Sache. Seid wahre Missionare der Nächstenliebe und stillt Jesu Durst nach Liebe für die Seelen, indem ihr an der Rettung und Heiligung eurer Gemeinde, eurer Familie und der Armen, denen ihr dient, mitarbeitet.«

Mutter Teresa traf im Dezember 1991 in Washington ein und nahm an einer Feier teil, bei der 27 Schwestern ihre ewigen Gelübde ablegten. Dann traf sie den damaligen Präsidenten George Bush senior. Sie besprachen einige ihrer Zukunftspläne und im Anschluss reiste sie nach Tijuana in Mexiko, von wo aus sie wiederum kurz Los Angeles aufsuchte, um dort ein neues Haus zu eröffnen. Die Schwestern in Los Angeles litten an Fieber und

Mutter Teresa steckte sich mit dem Virus an, bevor sie zurück nach Tijuana reiste. Am 26. Dezember wurde bekannt gegeben, dass sie an einer Lungenentzündung litt. Sie wollte im örtlichen Krankenhaus von Tijuana behandelt werden, aber niemand hörte auf diese Bitte und so wurde sie stattdessen nach Kalifornien in die Scripps-Klinik gebracht. Hier wurde eine angioplastische Operation durchgeführt, um ihre verstopften Koronararterien zu reinigen.

Im Februar 1992 ging Mutter Teresa nach Rom, wo sie zum letzten Mal ihre langjährige Freundin und Mitarbeiterin Ann Blaikie traf, die ebenfalls krank war. Während dieser Reise rutschte Mutter Teresa aus und brach sich drei Rippen. Schwester Gertrude, in deren Abwesenheit sich dieser Unfall ereignete, eilte an ihre Seite. Mutter Teresa warf ihr mit einem Lächeln vor: »Siehst du, was mit mir passiert, wenn du weggehst?« Sobald sie sich zu einem gewissen Grad wieder erholt hatte, drängte ihre ungebrochene Seele, ihre Pläne fortzuführen.

Am 31. Mai reiste sie daraufhin nach Dublin in Irland und sprach am 1. Juni auf einer Versammlung darüber, was in ihrem Geist vor sich ging:

> »Unsere Herrin liebt Irland. Daher lasst uns den strikten Vorsatz fassen, dass in diesem schönen Land kein Kind ungewollt sein möge. Lasst uns Unserer Herrin versprechen, dass wir in diesem Land niemals auch nur eine einzige Abtreibung haben werden und dass es keine Scheidungen in diesem Land geben wird ...«

Mutter Teresas demütige Bemühungen, den auf der Straße schlafenden Menschen eine Unterkunft zu geben, waren am 7. Juni erfolgreich, als sie für die Heimatlosen in London ein Wohnheim mit 35 Zimmern eröffnen konnte. Alleine den Managern des

Daily Mirror und des *Sunday Mirror* war sie sehr dankbar, da diese durch einen Spendenaufruf 300 000 Pfund sammeln und Mutter Teresa überreichen konnten.

Sie erreichte Delhi im August 1993, um eine Ehrung der indischen Regierung für das »Werben für Frieden und gemeinschaftliche Harmonie« entgegenzunehmen. Da sie aber an Fieber litt, sich erbrach, einen Lungenstau und Atemnot hatte, wurde sie sofort ins »All-India-Institut der Medizinischen Wissenschaft« gebracht, wo sie erneut eine Herzoperation über sich ergehen lassen musste. Und wieder beteten Tausende Menschen für sie Tag und Nacht.

Ihre Herzprobleme traten im September erneut auf. Wieder begannen die Menschen zu beten und Papst Johannes Paul II. schickte ihr eine Nachricht des Zuspruchs. Pater Celeste van Exem, der geliebte geistliche Ratgeber von Mutter Teresa, schrieb ihr am 16. September. Das sollte sein letzter Brief sein:

»Liebe Mutter,
morgen früh werde ich die heilige Messe unter der Intention halten, dass du keine Operation haben musst, dass du am 7. Oktober 1993 in China sein kannst, dass der Herr mich nehmen möge und nicht dich, wenn das Sein Wille ist, Sein Wille, nicht meiner.
Ich bin mit dir und den Schwestern, ihnen allen. Es gibt einen Kalvarienberg für jeden Christen. Für dich ist der Weg zum Kalvarienberg lang. Aber Maria hat dich auf der Straße getroffen. Du gingst nicht den Hügel hinauf; das ist für später.
Ich verehre das heiligste Sakrament, welches, da bin ich sicher, du in deinem Zimmer hast. Bete für mich und all meine Mitbrüder, insbesondere die Begleiter von Jesus, mit welchen ich bin.
Viele Grüße
C. van Exem, SJ«

Nur vier Tage nach diesem Brief starb Pater van Exem. Mutter Teresa konnte nicht an seinem Begräbnis teilnehmen, aber sie sah seinen Körper vom Fenster des Konvents aus, an dem sie mit Schwester Nirmala stand, als er vom St. Xavier College zum St.-John-Friedhof getragen wurde. »Lass seine Seele in Frieden ruhen«, betete sie und sagte zu Schwester Nirmala: »Ich bin sicher, dass er sehr heilig war. Er ist direkt zu Gott gegangen.«

Wie es Pater van Exem gewünscht hatte, ging es Mutter Teresa bald wieder gut genug, um nach China zu reisen. Ihr Bestreben war es, in Shanghai ein Haus für behinderte Kinder zu eröffnen, aber sie erkannte, dass dies – gleich einem innigen Gebet – mehr Zeit in Anspruch nehmen sollte. Am 8. und 9. Dezember nahm sie in Rom an den Feiern der ewigen Gelübde teil und besuchte dann Polen, bevor sie nach Indien zurückkehrte.

Einer Einladung Präsident Clintons folgend besuchte sie am 3. Februar 1994 ein Treffen in Washington. Aber die Rede, die sie dort gegen Abtreibung hielt, richtete sich gegen die Ansichten der dort anwesenden Würdenträger und die meisten von ihnen stimmten ihr nicht zu. Dennoch konnte Mutter Teresa mit Hilfe der Gnade Gottes am 19. Juni 1995 ein Heim für ungewollte Kinder in Washington D.C. eröffnen.

Im März 1995 reiste sie erneut nach China und führte dort mehrere Gespräche, aber ihr Wunsch, dort ein Heim für die Mittellosen zu eröffnen, wurde nicht erfüllt. Sie ging weiter nach Vietnam, wo sie zwei weitere Häuser der Missionaries of Charity (MC) ins Leben rief.

Im britischen Fernsehen wurde Mutter Teresa im November 1994 als »Engel der Hölle« tituliert. Mutter Teresa betete nicht nur für den Autor des Beitrags, wie sie es für ihren besten Freund getan hätte, sondern wies auch ihre Freunde an, für ihn zu beten und kein Wort gegen ihn zu erheben.

In der kommenden Zeit gab es wichtige Zeremonien, an denen

Mutter Teresa äußerst gerne teilnehmen wollte und die in verschiedenen Teilen der Welt abgehalten wurden. Insgesamt sollten 52 Schwestern ihr zeitliches und 76 Schwestern ihr ewiges Gelübde ablegen. Aber Mutter Teresas erbärmlicher Gesundheitszustand erlaubte ihr nicht, viel zu reisen, und so schrieb sie ihnen stattdessen:

»Wir haben uns jetzt schon über so viele verschiedene Länder ausgebreitet und ich wünschte, beim Einsegnen dieser neuen Mitglieder dabei sein zu können. Doch ist es mir körperlich nicht möglich, das zu tun. Ich hoffe, ihr werdet so freundlich sein, mich zu entschuldigen.«

Am 1. April 1996 wurde sie erneut ins Krankenhaus überwiesen. Ihr Schlüsselbein war in der Nacht zuvor gebrochen, als sie aus ihrem Bett gefallen war. Sie scherzte mit einigen anwesenden Schwestern: »Mein Schutzengel schubst mich scheinbar, wann immer er meint, dass ich noch zu viel hoch- und runterlaufe, ohne eine Rast einzulegen.« Dieser Unfall hatte zur Folge, dass alle Programmpunkte, die sie geplant hatte, abgesagt werden mussten. Aber schon bald war es ihr wieder möglich, nach Amerika, Rom und Irland zu reisen. Die Erfordernis ihrer Anwesenheit war die größte Motivation. Aber unglücklicherweise rutschte Mutter Teresa erneut aus, fiel in Dublin ein Treppenhaus hinunter und fand sich kurz darauf in einem Rollstuhl wieder.

Trotz aller Unbill schaffte sie es, im Juni 1996 nach Armagh zu fahren, um dort ein neues Haus einzuweihen. Vor ihrer Rückkehr nach Rom legte sie in London einen Halt ein, denn mittlerweile war es ihr möglich, den Rollstuhl zu verlassen und wieder zu gehen. Sie eröffnete danach in Swansea am 18. Juni das 565. Haus der Missionare der Nächstenliebe (MC), dank Schwester Nirmala, die während dieser gesamten Reise ihre rechte Hand war.

Wieder einmal musste sie ins Woodlands-Hospital überwiesen werden und Ende August war es ihr nicht mehr möglich, ohne die Hilfe eines Atemgerätes zu atmen. Als man ihr diese Neuigkeit überbrachte, flog Schwester Nirmala sofort nach Indien und die gesamte Welt begann ein weiteres Mal für Teresa zu beten. Und der Zustand Mutter Teresas verbesserte sich, ihre Temperatur sank.

In der Zwischenzeit kam ihr 86. Geburtstag, und als sich die Schwestern im Hospital zu einer kleinen Feier versammelten, wurden sie Zeugen eines Wunders: Mutter Teresa atmete wieder problemlos ohne die Unterstützung des Atemgeräts. Auch für jene, die sie gepflegt hatten, war dies ein Wunder. Sie sagte den Ärzten: »Meine Gesundheit und mein Leben sind in den heiligen Händen des Allmächtigen.« Auf ihren eigenen Wunsch wurde Mutter Teresa am 6. September aus dem Krankenhaus entlassen.

Der darauf folgende Dienstag, der 10. September, war das Goldene Jubiläum ihrer zweiten Berufung, der Tag, den sie ihren »Tag der Inspiration« nannte. Schwester Agnes, Schwester Gertrude und viele andere Schwestern versammelten sich um sie, aber zu ihrer Enttäuschung erklärte Mutter Teresa: »Lasst uns heute nicht feiern. Lasst uns stattdessen den Tag in tiefer Meditation verbringen, gefolgt von einer Danksagung an unseren Herrn Jesus.«

Am 16. September hatte Mutter Teresa schwere Schwindelgefühle und brach zusammen. Sie musste wieder ins Krankenhaus. Aber am 25. schien sie fröhlich und energiegeladen zu sein und so wurde sie wieder entlassen.

Am 22. November bekam Mutter Teresa erneut plötzliche und schwere Brustschmerzen, welche den gesamten Samstag und Sonntag anhielten. Ihre Herzspezialisten begannen mit der Behandlung und innerhalb einer Woche hatten sie sie am Herzen operiert und ihre Koronararterien wieder einmal gereinigt. Menschen auf der ganzen Welt, aller Kasten und Rassen – Hindus, Moslems, Christen und Buddhisten – beteten für sie.

Am 4. Dezember wollte sie zurück in ihren Konvent, aber bis zum 19. Dezember 1996 wurde ihr nicht erlaubt, das Krankenhaus zu verlassen. Sie ging dann aber ohne Hilfe zum Wagen, stieg ein und wurde in den Konvent gebracht. Obwohl sie unter schier unerträglichen Rückenschmerzen litt, verriet sie es niemandem, sondern bot diese stattdessen dem Herrn Jesus an. Dennoch musste sie das Bett hüten.

Nun war es an der Zeit, eine neue Generaloberin der Kongregation zu wählen. Als Vorbereitung darauf zogen sich die Schwestern an einen abgeschiedenen Ort zurück. Der Erzbischof von Kalkutta, Dr. Henry D'Souza, informierte die Schwestern über die Wünsche und Absichten Mutter Teresas, bevor diese mit der Wahl begannen: »Ich wünsche, als Generaloberin unserer Gemeinschaft der Missionarinnen der Nächstenliebe zurückzutreten. Unter gar keinen Umständen werde ich erlauben, dass sich wiederholt, was 1990 geschah. Daher werdet ihr in der bevorstehenden Wahl ernsthaft meine Nachfolgerin zu wählen haben.«

Der Heilige Vater ermahnte die in Kalkutta versammelten 123 Delegierten per Brief, zu »beten auf besondere Art, um eine Nachfolgerin für Mutter Teresa zu wählen, in Übereinstimmung mit dem reinen Willen des Allwissenden Gottes.«

Das Wahlergebnis wurde schließlich am Donnerstag, den 13. März 1997 verkündet und es war Schwester Nirmala, bisheriges Oberhaupt der kontemplativen Schwestern, die zur Mutter Generaloberin gewählt wurde. Schwester Frederick, Schwester Priscilla, Schwester Lysa und Schwester Martin De Porres wurden zu Ratsmitgliedern gewählt.

Nirmala Joshi war Mitglied einer Hindu-Brahmin-Familie der Mittelklasse, die sich in Doranda nahe Ranchi in Bihar niedergelassen hatte. Während ihrer College-Zeit in Patna hatte sie häufig eine ihrer Freundinnen beobachtet, wie diese sich niederkniete und vor dem Kruzifix betete. Langsam wurde auch sie zu Jesus hingezogen und durch diese gute Freundin überwand sie alle Zweifel. So fand sie Jesus und Jesus fand einen Platz in ihrem Herzen.

Schwester Nirmala trat den Missionarinnen der Nächstenliebe 1958 bei und wurde 1961 eine Schwester. Von 1979 an war Schwester Nirmala verantwortlich für den Zweig der kontemplativen Schwestern und führte die Schwestern in äußerst lobenswerter Weise. Es war Schwester Nirmala, die den Löwenanteil daran hatte, dass eines der Häuser in Venezuela eingerichtet werden konnte. Mutter Teresa betonte, dass sie ein großes Geschenk war, das Gott der Allmächtige zuvor geplant und für die Gemeinschaft bereit gehalten hatte, obwohl sie in einer Hindufamilie geboren und aufgewachsen war und erst im Alter von 23 Jahren, nachdem sie ihre höhere Schulbildung beendet hatte, Katholikin wurde. »Sie ist weitaus besser als ich in Demut, Hingabe an Gott, Ausbildung, Weisheit und in der Liebe zu Gott und der Liebe zu allen anderen Wesen«, erklärte Mutter Teresa. »Ich bin äußerst froh, dass Gott sie zu unserer Mutter Generaloberin erwählt hat.« Als Schwester Nirmala einmal von Reportern gefragt wurde, ob sie sich als die richtige Person sah, in die Ehrfurcht gebietenden Fußstapfen der Gründerin zu treten, entgegnete sie sehr passend: »Der Herr wird mich für diese Arbeit geeignet machen, wenn ihr für mich betet.«

Einer von Mutter Teresas häufigen Sätzen war: »Gott hat mich nicht gerufen, um erfolgreich zu sein. Er hat mich gerufen, um gläubig zu sein«, aber sie sagte auch, dass die Mentalität das Geheimnis des Erfolges der Brüder und Schwestern der Missionare der Nächstenliebe sei, nämlich alles dem Herrn Jesus anzubieten, so wie Schwester Nirmala es in ihrer Antwort ausgedrückt hatte.

Als Oberhaupt des kontemplativen Zweiges der Kongregation liebte Schwester Nirmala die Stille und hüllte sich oft für eine lange Zeit in Schweigen. Dies waren Mutter Teresas Worte über die Stille:

Gott ist der Freund der Stille.
Wenn wir wirklich beten wollen,
Müssen wir erst lernen, zu lauschen, denn
In der Stille des Herzens spricht Gott.
Die Frucht der Stille ist das Gebet,
Die Frucht des Gebets ist der Glaube,
Die Frucht des Glaubens ist die Liebe und
Die Frucht der Liebe ist die Stille.
Lasst uns Liebe und Mitgefühl nutzen, um die Welt zu überwinden.

Und so war die Sorge der Gemeinschaft, eine geeignete Nachfolgerin zu finden, zu einem guten Ende gekommen. Und Mutter Teresa bat bescheiden jeden innerhalb und außerhalb der Gemeinschaft, Schwester Nirmala die gleiche Unterstützung zukommen zu lassen, die sie ihr selbst immer gegeben hatten, und Schwester Nirmala nun die gleiche Liebe, Gebete und Mithilfe zu widmen wie ihr.

2001 wirkte die Kongregation der Missionare der Nächstenliebe in 123 Ländern, indem sie den Armen selbstlose Hilfe gaben, besonders den Waisen, Mittellosen, Unfähigen, Kranken und sowohl geistig als auch körperlich Behinderten sowie den Opfern von Aids und Lepra. Sie hat mehr als 3000 Schwestern, über 400 Brüder, 2000 Missionsarbeiter, 169 Ausbildungseinrichtungen, 1369 Kliniken und 755 Konvente, nicht einbezogen die Lepra-Hilfszentren, Shishu Bhavans und alle anderen, die ihr angehören. Teresa bat den Herrn Jesus im Gebet, Schwester Nirmala reichlich zu segnen, all dies auf bestmögliche Weise zu führen und sie auf den höchsten Wachstumsgrad bezüglich Größe, Reichweite, Spiritualität und Heiligkeit zu bringen.

Der Herr Jesus gab Mutter Teresa während ihres gesamten Lebens immer wieder ein Kreuz zu tragen, genauso, wie er sie auch förderte. Eines davon war der Krebs, der ihrer geliebten Schwester Agnes, welche von Beginn der Gemeinschaft an ihre rechte Hand gewesen war, unerträgliche Schmerzen bereitete. Am 9. April 1997, während die Schwestern an ihrer Bettseite die letzte Messe hielten, bot Agnes ihre Leiden Gott an und trat ein in ihr himmlisches Heim, um dort für Mutter Teresa auch ein Zimmer vorzubereiten.

Als Mutter Teresa am 16. Mai in Rom eintraf, um Schwester Nirmala dem Papst als neue Mutter Generaloberin vorzustellen, war ihr schlechter Gesundheitszustand bereits ersichtlich. Dennoch ging es ihr gut genug, um mit dem Heiligen Vater die Möglichkeit der Wiedereingliederung von Prostituierten aus den heruntergekommenen Gebieten Roms zu diskutieren und um an der feierlichen Zeremonie einiger neuer Schwestern teilzunehmen.

Während dieser gesamten Zeit trug sie ein anderes Kreuz, nämlich ihre Probleme beim Atmen, deretwegen sie zwei- bis dreimal täglich Sauerstoff zu sich nehmen musste. Aufgrund ihrer angeschlagenen Gesundheit war Mutter Teresa gezwungen, einen geplanten Besuch in Polen abzusagen, aber sie beharrte auf ihrem ursprünglichen Vorhaben, die Vereinigten Staaten zu besuchen, wo sie an der Zeremonie einiger Schwestern teilnahm, denen sie gratulierte. Dies wiederum gab ihr Energie und zum großen Erstaunen vieler sah man ihren gebrechlichen Körper durch die Bronx gehen, und dies Hand in Hand mit der dynamischen Prinzessin Diana von Wales. Beide lächelten jeden an, den sie trafen. Nun, Friede beginnt mit einem Lächeln, wie Mutter Teresa stets zu sagen pflegte.

Die Schwestern baten darum, dass Mutter Teresa ihren 87. Geburtstag im Mutterhaus in Kalkutta feiere, und so kehrte sie nach Indien zurück, um deren Wunsch zu erfüllen. Es sollte ihre letzte Geburtstagsfeier auf Erden sein.

»Die Werke Jahwes sind erhaben, denkwürdig allen, die ihrer sich freuen.« (Ps 111,2)

KAPITEL 19

Mutter Teresas letzter Tag

Der 5. September 1997 war der erste Freitag im Monat. An diesem Tag, der speziell dem Heiligsten Herzen Jesu gewidmet ist, stand Mutter Teresa zur üblichen Zeit auf, bot ihr Dasein dem Heiligsten Herzen dar, sprach in ihrem Zimmer ihr Morgengebet und ging dann zur Messe in die Kapelle. Nach der Messe warteten einige arme geplagte und verlassene Menschen auf sie, Menschen, mit deren Pflege Mutter Teresa ihr gesamtes Leben verbracht hatte. Unter ihnen waren ein Vater und eine Mutter, die in untröstlicher Trauer weinten, denn ihre einzige Tochter hatte Selbstmord verübt, und sie wussten nicht, warum sie das getan hatte. Mutter Teresa tröstete sie, so gut sie konnte, blieb einige Zeit bei ihnen und ging dann, um zu frühstücken und ihre Post zu öffnen.

Anschließend nahm sie an der Ratsversammlung der Schwestern teil, aber sie war sehr aufgewühlt und wollte das Treffen rasch beenden. Schließlich konnte sie in ihr Zimmer zurückkehren, wo sie einige Zeit damit verbrachte, Dankeskarten zu schreiben. Als in der dafür vorgesehenen Kiste keine Karten mehr waren, ging sie zu einer anderen Schwester, Schwester Joyal, und fragte sie nach weiteren Karten. Aber Schwester Nirmala sah sie und sagte zu Mutter Teresa, dass sie zu viel arbeite und ausruhen solle. Mutter Teresa aber weigerte sich. Sie wollte mit der Arbeit fortfahren und letztendlich stimmte Schwester Nirmala leise zu.

Mutter Teresa setzte ihre Arbeit bis zum Mittag fort und aß dann etwas. Normalerweise fastete sie an jedem ersten Freitag, aber heute war es ihr nicht erlaubt und so befolgte sie die Anweisungen der Ärzte. Nach dem Mittagessen schloss sie sich den anderen zum Gemeinschaftsgebet an und versuchte danach, etwas auszuruhen, aber ihr Rücken schmerzte und sie konnte nicht schlafen. Die Schwestern wussten, dass es ihr nicht gut ging, und erlaubten keine störenden Besucher. So war sie alleine mit ihren Gedanken und Gebeten, ihren Rosenkranz ständig in der Hand haltend.

Als die Zeit für den Kreuzweg kam, verließ Mutter Teresa ihr Zimmer, traf einige Menschen, die darauf warteten, sie zu sehen, und gab ihnen Madonnamedaillen. Sie telefonierte, unterschrieb einige Briefe, und hielt noch ein Gespräch mit dem indischen Filmstar Sashikala.

Große Erschöpfung überkam sie und so legte sie sich wieder hin. Sie spürte, dass Jesus sie um etwas bat, und so stand sie erneut auf und fragte: »Was ist es? Was will Jesus von mir?« Ihr Geist sprach mit Jesus, aber ihr Körper war von Schmerzen geplagt. Schwester Nirmala kam und half ihr zurück ins Bett. Später brachte sie ihr Tee und Kekse und ließ Mutter Teresa eine Weile alleine in ihrer geistigen Unterhaltung. Derweilen ging sie und sprach mit einigen Leuten, die darauf warteten, Mutter Teresa zu treffen. Als sie zurückkam, hieß Teresa sie freundlich willkommen, als ob sie sie an diesem Tage noch nicht gesehen hätte. »Du hast Mutter heute vergessen, nicht wahr?« Schwester Nirmala zeigte ihr freundliches Lächeln und sagte, sie habe sie überhaupt nicht vergessen.

Mittlerweile war es 16 Uhr und an der Zeit, um zur Anbetung in die Kapelle zu gehen. Mutter Teresa wünschte, sich den Schwestern anzuschließen, aber als sie es versuchte, musste sie einsehen, dass es nicht ging. Die Schmerzen in ihrem Rücken waren nahezu unerträglich. Sie legte sich wieder hin und dann kam jemand und erzählte, dass Bruder Geoff, der in jener Nacht nach Singapur fliegen sollte, sie zu sehen wünschte. Sie schob ihre Schmerzen beiseite, setzte sich in ihren Stuhl und empfing ihn. Er erzählte Mutter Teresa von all seinen Plänen und sie bat ihn, allen Brüdern und Schwestern, denen er auf seiner Reise begegnen würde, ihre Liebe zu übermitteln.

Dann hielt sie sich die Hand an die Brust, blickte direkt in Bruder Geoffs Augen und erklärte: »Wie ihr alle wisst, finde ich keine Unterschiede zwischen unseren Brüdern und Schwestern. Niemals. Der einzige Unterschied ist dieser: Du bleibst dort in deinem Gebäude und wir bleiben hier.«

Sie schaute über ihren Tisch auf das Bild des Heiligen Herzens, das über ihm in einem ansehnlichen Rahmen hing. Es war ein Bild, das sie oft ansah und küsste. Plötzlich kam ihr, dass es ein gutes Geschenk an ihre geliebten Brüder wäre, und so nahm sie das Bild herunter und bot es Bruder Geoff als eine Erinnerungsgabe an. Es war eine kleine Geste, aber dieses letzte, angebotene Geschenk ist den Brüdern in aller Welt lieb und teuer.

Bruder Geoff verabschiedete sich und Mutter Teresa sagte: »Ich werde immer und überall, wohin du gehst, im Geiste mit dir sein, dich mit meinen Gebeten unterstützen.« Nachdem er gegangen war, legte sie sich wieder hin. Die Gebete in der Kapelle waren vorüber und die für die heilige Eucharistie verantwortliche Schwester brachte diese in Mutter Teresas Zimmer. Sie küsste ihren Herrn Jesus, gegenwärtig im Sakrament, zum letzten Mal.

Mutter Teresa hatte einen Termin mit einigen Mitgliedern der indischen Fluggesellschaften, aber es war ihr nicht möglich, das Bett zu verlassen. So ging Schwester Nirmala an ihrer statt und überbrachte Mutters Liebe und beste Wünsche. Noch immer warteten mehrere Menschen, sie zu treffen, aber alles, was sie tun konnte, war, ihnen aus der Ferne zuzuwinken. Sie konnte nicht mehr zum Gebet in die Kapelle gehen und nur von ihrem eigenen Zimmer aus daran teilnehmen.

Schwester Gertrude war nun bei ihr und Mutter Teresa scherzte mit ihr: »Mein rechtes Bein ist außerordentlich neidisch auf mein linkes, denn es ist davon ausgeschlossen, etwas Erleichterung zu bekommen. Die Medikamente, das Durchkneten, die Massagen – alle Maßnahmen zur Schmerzlinderung werden immer nur dem linken Bein gegeben.« Schwester Gertrude lachte und begann, auch Mutter Teresa rechtes Bein zu behandeln. Danach bat Mutter Teresa sie, in ihrem Auftrag in die Kapelle zu gehen, da sie das selbst nicht konnte. Schwester Gertrude gehorchte und gab Mutter Teresa noch ihr Kruzifix, bevor sie ging.

Daraufhin kam Schwester Nirmala, um sich zu ihr zu setzen, und zusammen beteten sie den Rosenkranz und auch die anderen Gebete, die an Freitagen üblich waren, sowie die Gebete zum Heiligsten Herzen zur Erlösung ihrer Sünden. Dann, ohne auf das Buch zu schauen, sang Mutter Teresa den Hymnus »Süßer Herr Jesus«. Mittlerweile war das Gebet in der Kapelle beendet und Mutter Teresa konnte hören, wie ein Hymnus an Unsere Heilige Mutter gesungen wurde. Es war nun Zeit für das Abendessen und Mutter Teresa sprach vor dem Abendbrot die Gebete.

Schwestern liefen durch das Haus, beschäftigt mit verschiedenen Aufgaben, und eine Zeit lang war Mutter Teresa alleine und sprach leise mit Jesus und bemerkte nicht, wie die Zeit verging. Plötzlich rief sie: »Schwestern, ich kann nicht atmen!« Die Schwestern liefen zu ihr, um zu helfen, brachten Sauerstoff und Medikamente. Eine rief den Gemeindepriester und eine andere den Arzt.

Die Qual des Todes lag über Mutter Teresa. Ihre letzte Handlung war, ihre Hand zu heben, das Kruzifix zu berühren und zu küssen, ihre Leiden zusammen mit jenen von Jesus darzubringen und die gesamte Zeit zu flüstern: »Jesus, ich liebe dich. Jesus, ich biete mich selbst dir an. Mein Gott, ich danke dir, preise und verehre dich. Jesus, ich liebe dich …«

Mittlerweile war sie von mehreren Schwestern umringt und Pater Hansel, der Gemeindepriester von St. Mary, kam zu ihr. Sie erhielt die Krankensalbung, welche ihre Seele reinigte und sie vorbereitete, gen Himmel zu fahren. In der Zwischenzeit war auch Dr. Woodland angekommen. Er und Schwester Gertrude versuchten ihr Bestes, den Herzschlag von Mutter Teresa zu beruhigen. Niemand war gewillt zuzugeben, dass sie endgültig ging.

Plötzlich schrie jemand sein Leid heraus: »Mutter stirbt!« Schwester Joyal kam an ihre Seite und hörte sie flüstern: »Jesus, ich liebe dich. Dankt Gott, dankt Gott.« Die Worte, die sie so oft wiederholt hatte, lagen ihr auf der Zunge, aber sie verlor allmählich die Kraft, sie selbst zu wiederholen. Schwester Gertrude bemerkte dies und so sprach sie die Worte stattdessen und sprach sie in Mutter Teresas Ohr, so dass diese sie in ihrem Geiste wiederholen konnte.

Obwohl die Menschen um sie herum sehen konnten, dass sie hinüberglitt, fiel es ihnen schwer zu glauben, dass Mutter Teresa endgültig zu ihrem Schöpfer ging. Bis 20 Uhr hatte sie noch geredet, gelacht und gebetet. Sie erwarteten, dass – wie es so oft zuvor schon geschehen war – ihr Herzschlag sich wieder normalisieren und sie wieder zu atmen beginnen und dass sie lächeln und wieder mit ihnen reden würde.

Plötzlich gingen alle Lichter aus, außer in einem Flügel des Hauses. Normalerweise verlöschten nie alle Lichter auf einmal im gesamten Haus. Aber dann gingen sie plötzlich ein zweites Mal aus und dieses Mal umhüllte der Mantel der Dunkelheit ganz Kalkutta. Niemand bemerkte, dass das Licht des Lebens in Mutter Teresa, ein Licht, das jedem, den sie getroffen hatte, und besonders den Ärmsten der Armen die Wärme der Liebe übermittelt hatte, ebenfalls erloschen war.

Das Begräbnis

Mutter Teresas Leben erlosch am 5. September 1997 um
20.30 Uhr, aber Schwester Nirmala bestätigte die traurige
Nachricht nicht vor 21.30 Uhr. Trotz all der ausgezeichneten Ärzte, richtigen Medikamente und der liebenden Pflege der Schwestern war sie letztendlich gestorben, wie sie es gewünscht hatte,
leise in die Dunkelheit hinübergleitend wie so viele der Menschen, die sie umsorgt hatte. Sie ging nach Hause zu Jesus, am ersten Freitag im Monat September, als das 100. Jubiläum des Todes
ihrer geliebten heiligen Theresia vom Kinde Jesu gefeiert wurde.

Mutter Teresas Körper wurde in die Kapelle gebracht, mit Blumen umkränzt, und Menschen kamen zu Hunderten und drängten sich mitten in der Nacht zusammen, als sei es mitten am Tag.
In der ersten Messe im Gedenken für Mutter Teresa sprach Pater
Gray von zwei Frauen, die sich gegenseitig sehr liebten und gerade im Himmel über ihre Kinder auf Erden redeten. Er meinte
Mutter Teresa und Unsere Herrin.

Kondolenzbezeigungen kamen haufenweise aus der ganzen
Welt und die indische Regierung entschied, dass Mutter Teresa
ein Staatsbegräbnis erhalten sollte. Ihr Körper wurde einbalsa-
miert und einige Zeit bei den Schwestern und Brüdern aufbe-
wahrt, bevor er in der St.-Thomas-Kirche der Öffentlichkeit eine
Woche lang zugänglich gemacht wurde. Als ihr Körper aus dem
Mutterhaus gebracht wurde, versuchten die Schwestern, trotz
ihrer Tränen zu singen: »Gott wird auf dich achten.«

Mutter Teresas Körper wurde in die St.-Thomas-Kirche gebracht, die Kirche, welche sie bei ihrer ersten Ankunft in Indien aufgesucht hatte. Lastwagenladungen voller Blumen kamen an. Es waren so viele, dass einige wieder fortgebracht werden mussten, um Raum für die Hereindrängenden zu schaffen. Es waren sogar so viele Blumen, dass die Schwestern jedem, der die Kirche verließ, eine Blume, die den Körper Mutter Teresas berührt hatte, anbieten konnten. Eine nicht enden wollende Menschenschlange schritt an dem Körper Mutter Teresas vorüber, tagelang.

Das gesamte Land war betroffen. Sonderzüge mussten eingesetzt werden. Es gab 27 Sonderflüge allein aus Delhi! Blumen, Karten und Bilder von Mutter Teresa waren in sämtlichen Läden ausverkauft. Messen wurden immerfort von Priestern und Pfarrern verschiedener Pfarreien am Sarg gehalten, so wie Messen auf der ganzen Welt gehalten wurden.

In einer besonderen Messe für die Gemeinschaft der Missionare der Nächstenliebe sagte Pater Joseph schließlich:

»Heute Nacht legen wir dir zu Füßen, was wir haben: Unser Missverständnis, unser Nichtvergeben, unser Fehlen an Mitgefühl, unser Fehlen von Liebe für den anderen, unsere Eifersucht, unseren Neid, unsere verletzenden Worte, unsere Ärgernisse. Nimm es an, Mutter, vom Herz deiner Kinder, mit dem Versprechen, in eine neue Zukunft zu schauen, eine neue Gesellschaft, eine neue Liebe.«

Der Tag der Beerdigung Mutter Teresas war ein Tag nationaler Trauer in Indien, die Flaggen waren auf Halbmast. Der amerikanische Senat entschied sich, diesen Tag als Tag der nationalen Anerkennung zu begehen. Der Sarg, drapiert mit der Nationalflagge Indiens, wurde von Armeeoffizieren zu demselben Wagen getragen, der auch die Körper von Mahatma Gandhi und Nehru, dem ersten Premierminister Indiens, gefahren hatte. Die Begräbnismesse musste im Netajee-Stadion abgehalten werden und trotzdem fiel es der Polizei schwer, die wogende Menge hinter den Barrikaden unter Kontrolle zu halten.

Die Worte »Als mich dürstete, gabst du mir zu trinken« waren neben dem Kruzifix auf dem Altar und die Worte »An unsere Mutter mit Liebe« waren in die Kerze geschrieben, die auf dem Altar brannte. Der Ehrengast war Seine Eminenz Kardinal Sodano als Vertreter des Heiligen Vaters selbst. Sechs Kardinäle und mehrere Erzbischöfe zelebrierten die Messe. Vertreter der Ärmsten der Armen, denen Mutter Teresa ihr Leben lang gedient hatte, fanden auf der Beerdigung einen Platz neben den Würdenträgern. Die Liebe für eine kleine Nonne hatte sie alle vereint, als Kinder eines gleichen Gottvaters.

Die Begräbnismesse begann mit den Worten des indischen Poeten Rabindranath Tagore: »Mache unsere Leben heilig; berühre sie mit den Funken des Feuers.« Eine Botschaft des Heiligen Vaters erinnerte alle Versammelten daran, dass unabhängig von politischer Zugehörigkeit, Kaste, Konfession und Nationalität Mutter Teresa ein Beispiel für den festen Glauben an Gott war und dass sie fest auf dem Grundsatz stand, dass Liebe das ist, was die Armen brauchen.

Nach dem dreistündigen Beerdigungsgottesdienst brachte ein Prozessionszug Mutter Teresas Körper zu ihrer letzten Ruhestätte in eine Gruft, die ganz besonders für sie auf dem Grund des Mutterhauses vorbereitet worden war. Die letzten Zeremonien waren privat und nur für die Gemeinschaft. Salutschüsse ertönten in der Straße, als ihr Körper in die Gruft hinabgelassen wurde.

Diese Gruft ist heute noch zu sehen und die einfache Inschrift auf dem weißen Marmor ist Mutter Teresas Botschaft an uns alle: »Liebt einander, wie ich euch geliebt habe.«